ルポ 定形外家族

わたしの家は「ふつう」じゃない

大塚玲子

SB新書
499

はじめに

　そのとき子どもは生後半年でした。私は妊娠を機に勤め先を退職しており、出産したのは、フリーになって始めた書籍編集の仕事がやっと動きだした頃でした。張り切って産院の病室から仕事を再開したものの、身体が気持ちに追い付かず、しばらくはほぼ月1のペースで寝込んでいたものです。

　あるときまた高熱を出し、いつものように赤ん坊を連れて実家に里帰りしていたところ、すれ違いの生活が続いていた夫からメールを受信しました。開いてみると、目に飛び込んできたのは「離婚」という文字。怒り、悲しみ、戸惑い――さまざまな感情が渦巻きながらも「離婚しよう」と決めたのは、瞬間的でした。「子どもがいるのに、こんな無責任なことをいえる父親なら、いなくてもいい」と思ったのです。

　詳細は省きますが、引き金となったのはいまでいうところの〝産後クライシス〟でした。ホルモンバランスや生活習慣の変化に加え、子育て負担のアンバランスに不満が鬱積し、当時の私は控えめにいっても鬼のように恐ろしい同居人だったと思います（いま思えば当時の夫も気の毒ですが、もともと話し合いが成立しない間柄だったので、離婚は時間の問題でした)。

私は当時「子どもがいるのに離婚するのはよくないこと」と考えていました。だからこそ、離婚をいい出すような夫とは離婚しようと決めたわけですが、この行動は一見、矛盾して見えるかもしれません。

結局のところ私は、子どもがいても離婚することを肯定したのです。

それから私は、子どもにとっての「いい(ましな)離婚」とはどんなものか、ということを考えるようになりました。離婚してひとり親になっても、子どもにできるだけ悪い影響を与えないためにはどうすればいいのか? 親がふたりいなくても、できるだけ子どもに必要なものを提供するために、何が必要なのか?

関連しそうな本を見つけては読んだり、「この人はいいな」と思うシングル親と友人になり、話を聞かせてもらったりしました。

書籍編集の仕事(当時の本業)では、子どもと離婚の問題を扱う本もよく手掛けました。なかでも子どもに焦点をあてて企画した離婚のハウツー書は、発売から十数年を経たいまも、版を重ねています。

そんななか、私が最も大きな影響を受けたのは、親が離婚した経験をもつ人たちとの出会いでした。ひとり親を支援するNPOで、離婚家庭の子どもの声を伝える本を何冊か作ったのですが(『Q＆A親の離婚と子どもの気持ち』新川明日菜・光本歩ほか著)、このとき当事者である子どもたちが感じてきた本音を、とことん聞かせてもらえる機会があったのです。

突きつけられたのは、私自身を含め、「大人たちは子どもの考えていることを、さっぱりわかっていない」という事実でした。

たとえば、親と子どもの利害が実は対立しているのに親はそれに気付かず、親自身に都合のいい解釈をしていたり。あるいは、大人が「子どもにかわいそう」と思っていることを、当の子ども本人は気にしておらず、逆に、大人が「子どもにとっていいだろう」と思っていることが、子どもにはむしろ迷惑だったり。そんなボタンの掛け違いが、たくさんあることがわかりました。

そのうちにだんだんと「これは離婚家庭の子どもだけの問題ではない」ということもわかってきました。再婚家庭や里親・養親家庭、同性で子育てするカップル、その他、いわゆる「ふつうの家族」以外の全般に取材対象を広げていくうちに、あちらにもこちらにも、同じような問題があることに気付いたのです。

世間では、いわゆる「ふつうの家族」――お父さん、お母さんと、血縁の子ども――ばかりが「正しい形」とされ、それ以外の環境に育つ子どもは「かわいそう」と見られがちですが、子どもにとっては、そう単純ではないらしい。

むしろ、周囲がそれを「かわいそう」と決めつけるから、その子は「かわいそう」になっていることも多く、その一方で子どもたちは、大人が気付きもしない、全く別のところで悩んでいたりすることも、わかってきました。

そこで始めたのが「定形外かぞく」という活動です。いわゆる「ふつう」とは違う家族や環境を「なんでもあり」の社会にしていくため、ひとり親、再婚家庭、里親・養親家庭、LGBT家族等々の当事者である友人・知人らに声をかけ、2014年に立ち上げました。以来、仲間と協力しながら年1ペースで交流会を開いています。

そのなかで、新たな疑問も芽生えてきました。一見同じような境遇でも、悩み苦しんで育つ子もいれば、特段つらさを抱えずのびのび育つ子もいるのは、いったいなぜなのか？

もともとの本人の気質のせいもあるでしょうが、やはりそれだけではないでしょう。周囲の大人たちのあり方に、何か違いがあるようです。

では、親や周囲の大人がどんなふうにかかわることが、子どもにとって必要なのか？　そこをもっと知りたいと思うようにもなりました。

考えてみれば、いわゆる「ふつうの家族」だって同じです。家族の形が「ふつう」なら子どもが幸せかというと、そうとも限りません。むしろ親が「ふつう」にしがみつくために、苦しんでいる子どもも見かけます。

おそらく「子どもにとって本当に必要なこと」は、家族の形には関係がないのです。ですから、もしその「必要な何か」がわかれば、家族の形がふつうだろうとそうでなかろうと、あらゆる環境で育つ子どもに役立つのではないか――。

そんなことを考えて、本書ではさまざまな立場や環境で育った人たちに話を聞き、「子どもにとって本当に必要なことは何なのか」を探っていきます。

大人からすると「えっ、そこなの？」と思うような子どもたちの悩みや、大人たちへの要望に、どうか一緒に、耳を傾けてもらえたら幸いです。

※本書は東洋経済オンラインでの連載原稿「おとなたちには、わからない。」（２０１８年１月〜）を元に加筆修正を行い、まとめたものです。
※取材の時期は各章のはじめに記載してあります。

第１章

「ふつうと違う」は不幸じゃない

取材の時期……Case1 2017年8月
Case2 2018年1月
Case3 2018年8月

この社会にはどうも「ふつうと違う形の家族＝不幸せ」という通念があります。たとえば私も息子が小学生のとき、学童の先生から「お母さんを幸せにしてあげて！」と声をかけられる現場に居合わせました。横で「いや、いま私けっこう幸せですが」と思ったものの、そのときは口にできず。

親が離婚したとか、再婚して継母や継父ができたとか、里子になった、児童養護施設で育ったなど、イレギュラーな環境で育つ子どもは、周囲から「かわいそう」と同情の目で見られがちです。

正直にいえば、「ふつうと違う形」を幸せじゃないと思い込んでいたのは、私自身でもありました。離婚したときは「まさか私がシングルマザーになるなんて……！」と、えらく衝撃を受けたものです。

休日のショッピングセンターに行けば、小さい子どもを連れた「お父さん、お母さん」の姿に居心地の悪さを感じ、公園では父親とキャッチボールをする子どもの姿に胸が痛みました。子どもが小学校に上がると、入学式や学習参観、運動会など、校内を夫婦そろって歩く姿の多いこと。そんななか、ひとりで学校に行くのが嫌でたまりませんでした。

子どもを「ひとり親の子」にしたことへの罪悪感もありましたし、私自身が「ふつうの形の家族」ではないことに引け目を感じていたのも大きかったと思います。

それが「実はそう気にすることではない」と気付いたのは、いつの頃からだったか。仕事やプライベートで、ひとり親や再婚家庭など、いわゆる「ふつう」とは違う形の家族や、そこに育った子どもの立場の人たちと知り合うにつれ、「どうやら、形の問題ではない」とわかってきたからかもしれません。

そして息子本人も家族の形について、じつは私よりも気にしていないようでした。彼にとって、父親は遠くに住んでいてたまに会うもの、という状況がデフォルトです。私と祖父母とのいまの暮らしが、彼にとっての「当たり前」。周囲から異端視されない限り、本人が違和感を抱くことはあまりないようです。

ときに私が「ふつうの形」を装おうと、運動会にパートナーを連れていったりしても、息子は喜びません。もしかすると「ふつう」を求めているのは私だけなんじゃ……？　徐々に気付かされるようにもなってきました。

ただその一方で、子どもたちが「家族の形ではない何か」について不満を感じることは、間違いなくあるでしょう。なかでも特によく聞く声のひとつが、「ちゃんと説明をしてほしかった」というものです。

この章では、「ふつう」とは異なる形の家族に育った人たちの話を紹介します。一人目は父親がゲイだったとわかった椛島晴子さん（仮名）、二人目は両親がそれぞれの苗字をキープするためペーパー離婚していた松浦将也さん、三人目は父親に別の妻子がいると知った谷崎涼子さん（仮名）です。

三人はそれぞれ、「ふつう」とは違う形の家族のなかで、何を「ちゃんと説明してほしい」と思っていたのでしょうか。

Case 1
ゲイの父親とパートナー「おじいちゃんズ」が教えてくれた

最初に話を聞かせてもらおうと決めたのは、数年前に友人を通じて知り合った、椛島晴子さんです。50代の彼女は30年ほど前、大学院在学中に子どもを産みましたが、夫婦関係がうまくいかず、離婚することに。そこで子育てとの両立を考え、公務員になることを選びました。

待ち合わせたのは、昭和から時が止まったような、懐かしい雰囲気の喫茶店でした。彼女はいつも明るく楽しそうな目をしていて、会うとほっとした気持ちになります。

晴子さんは、高校生のときに親の離婚を経験しました。

「父親に交際相手がいることに気付いたのが、中学か高校くらいのときでした。それが原因で両親が不仲になり、離婚した高校くらいの頃が、一番悩みが深かったですね。

離婚って、子どものストレスはすごく大きいと思うんですよ。子どもってほら、親に対して愛情深いから、『お父さん、お母さんが悩んでいるみたいだから、何かしてあげられることはないかな』とつい思いがちじゃないですか。でも、大人が抱えているものはすごく大きくて、どうにもできない。子どもの葛藤は大きくなりますよね」

悩んでいる親に何かしてあげられないか。晴子さんがそんなことを考えていたなんて、おそらく離婚の渦中にある両親は気付けなかったのではないでしょうか。離婚時、大人たちは自分の感情と向き合うのに精いっぱいで、子どもの気持ちは二の次になりがちです。

親に心を配る一方で、漠然とした不満や不安も感じていました。

「子どもだから、父親が自分以外の人と仲良くしているというのは、なんというかイラッとするわけですよ（笑）。小さいときから父にかわいがってもらってきて、父は私のことを大好き、と思っていたのが、急に『自分の知らない父親がいる』みたいな感じ。いままでみたいに私と仲良くしてくれないんじゃないか、というのも不安でした。『ちゃんと説明を受けていない』ということへの不満もありましたね。何が本当のことかもわからないし、いったいどうなっているんだろう、これからどうなっちゃうんだろう、と感じていました」

いま何が起きていて、何が真実なのか？　両親は離婚をするのかしないのか？　自分の暮らしはこれからどうなるのか？　わからないことだらけで不安でも、両親の様子を見ると、聞くに聞けなかったのでしょう。

子どもだって一緒に暮らす家族の一員なのに、親が離婚する際は大人の間だけで物事が決められてしまいがちです。子どもが不満を感じるのは当然のこと。晴子さんのように、親の離婚の際に発言権が与えられず、説明すらちゃんとしてもらえないことがいやだった、という子どもの声は、とてもよく聞くものです。

＊結局、父と暮らすことに

離婚の際に「どっちの親と一緒に暮らしたいか」と聞かれたのは、晴子さんにとっては苦しいことでした。どちらを選んでも、他方を傷つけてしまうかもしれない、と感じたからです。

「結局、父親と暮らすことにしました。うちの母は、あまり子どもに執着するタイプじゃなかったし、私はどちらかというと父親のほうと仲が良かったので。

父はいま80代で、あの年代としてはすごく珍しいと思うんですけれど、家事万能だったんですよ。料理もアイロンかけも、なんでもできる。だから、私の友達がうちに来たときも、父が洗濯物をたたみながら『ちゃんと宿題やんなさいよ!』とか説教してくるので、みんなに大ウケでした(笑)。

いまはすっかりおじいちゃんですけど、背が高くて、昔はジョン・ローンみたいなイケメンでね。小さいときから、よくいろんなところに遊びに連れていってもらったし、本当にお父さんのことが大好きだった。だからなおさら、父親にパートナーができたことに、イラッとしたわけです」

ここまで敢えて「父親に交際相手がいる」とだけ書いてきましたが、実はこの浮気、ひとつ特徴がありました。交際相手が男性、つまり父親と同性だったのです。

最近はLGBTという言葉もよく知られるようになり、ゲイもレズビアンもそう珍しくなくなってきましたが、30年以上も昔ですから、家族はかなり驚いたようです。

「父親に交際相手がいることも、相手が同性だったことも、子どもにはいっぺんに来るから、分けては考えられないんですよね。ただ、ショックが倍になるかっていうと、そうでもない気がします」

慣れないものへの偏見から、嫌悪感を抱くことはなかったか？　率直に尋ねると、それはなかったというものの「父親が当時付き合っていた相手が辛気臭い感じの人で、それがイヤだった」とのこと。

「もしあれが、父がいま付き合っているパートナーだったら、感じ方は全然違っていたかもしれない。わかりませんけれどね（笑）。それよりも、母親の拒絶反応が激しかったので、それがすごくストレスでした。子どもにしたら、自分の父親のことなので」

親の離婚を経験した人はよく、「一方の親から他方の親の悪口を聞かされるのがつらかった」といいますが、「一方の親が他方の親を激しく否定する」というのも、子どもにとっては同じようなものでしょう。

配偶者は別れれば「ただの他人」なので、気安く悪口をいってしまうのですが、子どもにとっては親であることに何ら変わりありません。悪口をいってくるのが自分の親であったとしても、他方の親を否定されるのは、自分の一部を否定されることと同じに感じられるのです。

「でも私も、父にひどいことをいってしまったことがあって。『みんながお父さんのことホモだっていってるよ！』って。当時はゲイなんてフラットな言葉は使われていなくて、そんな差別語でいってしまった。そうしたら父親が、えらくぎょっとした顔をしてね……。いまでも、悪かったなぁと思います。

自分も親になってみると、そういわれたらつらいと思うんですよ。自分のせいで、子どもが周囲から何かいわれたのかな、と思ったら。『子どもにかわいそうなことをしちゃったな』って思うだろうな、と思うと、父親にそう思わせてしまったことが、悪かったなぁって……」

子どもはどこまで親に対して愛情深いのか。晴子さんだけではありませんが、子どもの立場からの話を聞いていると、ときどきぎょっとすることがあります。親はつい、そんな子どもの愛情に甘えがちです。

＊孫をふたりで見てくれた

お父さんがゲイであることに確信はあるものの、実は晴子さんはいまだに、父親本人からセクシャリティ（性的指向）について、はっきり説明されたことはないのだそう。

ただし父親は、言葉にはしないまでも、「実質的な説明責任は果たしてくれた」と、晴子さんは考えています。

どういうことかというと、離婚してシングルマザーとなった晴子さんの子育てに、父親といまのパートナーが全面的にかかわることで、彼女のなかにあった「固定観念みたいなものを、すごく取り払ってくれた」のです。

「私はふたりのことを〝おじいちゃんズ〟と呼んでいるんですけれど、ふたりがしょっちゅう、孫をみにきてくれたんです。私は息子が3歳くらいのときにひとり親になったので、すごくありがたかった。家事を手伝ってくれたり、みんなでごはんを食べたり、息子をふたりで旅行に連れていってくれたりして。息子もふたりのことが大好きで、いつも3人でぺたぺたくっついている。

そういうなかで自然と、ただのカップルとしてやっている父親たちを見ていると、『いいな』と思うわけですよ。ふつうにパートナーなんです」

「ふつうにパートナー」という表現は、よくわかる気がします。私も初めて同性カップルと会ったときは不思議な感じがしましたが、LGBTの友人が増えて見慣れるにつれ、何

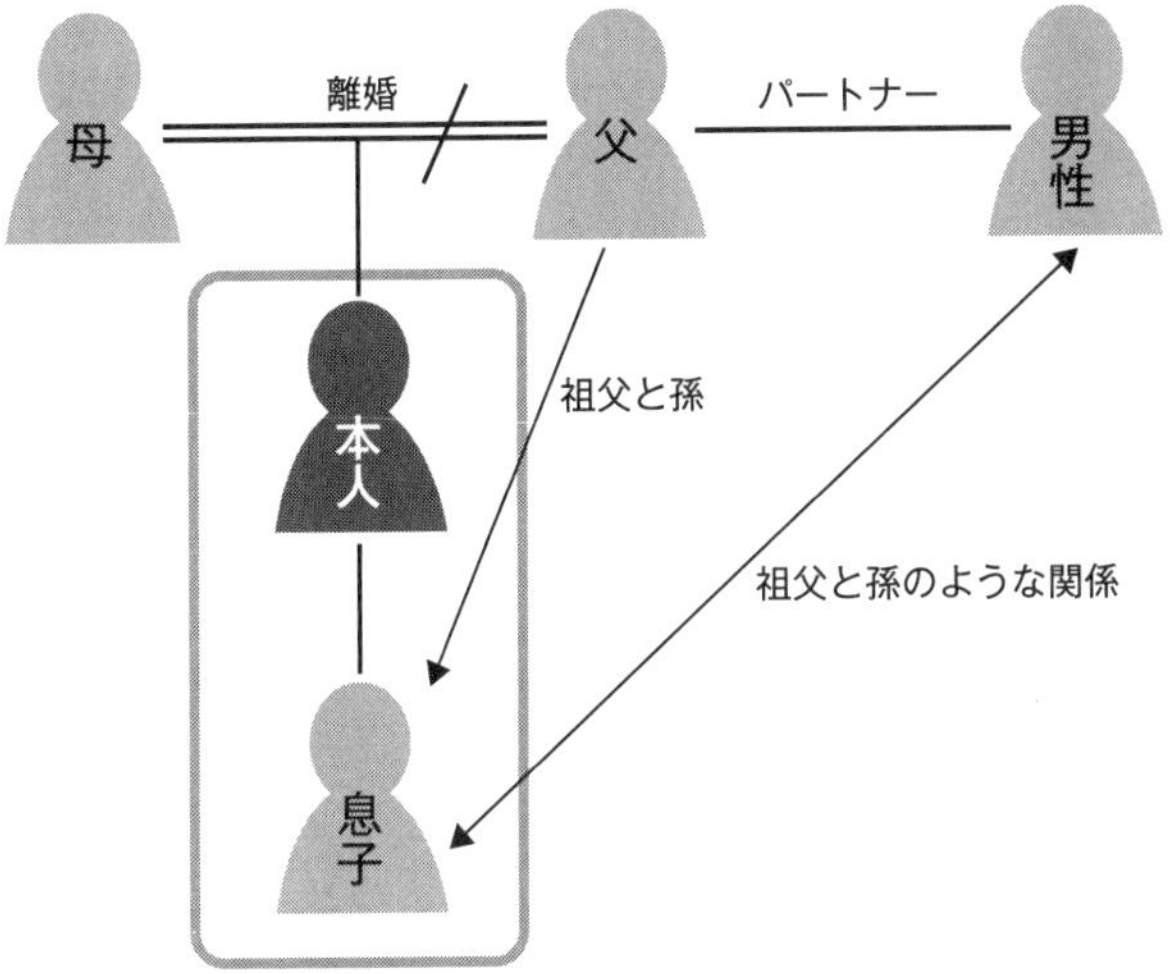

も感じなくなりました。

子育て中のレズビアンの友人が以前、新聞の「一日密着取材」を受けた際、記者から「意外とふつうですね」とつまらなさそうにいわれた、と苦笑していたのを思い出しました。笑ってしまいましたが、記者の気持ちもわかります。見慣れるとそれは、あまりにも「ふつう」で、特別なものを期待していた人は拍子抜けしてしまうでしょう。

*〝居薬〟な息子の影響

当時、晴子さんが父親とパートナーの関係を受け入れやすかったのには、もう一つ理由があったかもしれないといいます。それは自分の子どもがダウン症だったことです。

「自分の息子が〝規格外〟だったことも、父親のセクシャリティについて、あまり気にならなくなるきっかけになったかもしれないですね。息子はダウン症で生まれて、いわゆる〝ふつうの子ども〟ではなかったので。〝ふつう〟以外のことを知らないと、『〝ふつう〟でないと不幸になっちゃうんじゃないか』というような、ステレオタイプな考え方をしてしまいますよね。私も、子どもが生まれるまではそうだったんですけれど。

でも実際には全然そんなことはないとよくわかったので。『居薬』（一緒に居るだけで薬になるという意味）という言葉を最近知ったんですけれど、うちの息子はまさにそれ。優しくて、本当にいい子で、自分の子どもにこういうことをいうのも何なんですけど、めちゃくちゃ癒されるんです」

彼女がダウン症の子を育てている、と初めて聞いたとき、正直にいうと私も「大変そう」「かわいそう」と思いました。でも、実際にダウン症の子どもを育てている親の話を聞く機会が増えるにつれ、自分の思い込みに気付くようになりました。ダウン症は穏やかで優しい人が多く、「癒される」とよく聞きますが、どうもそれは家族にとって、心からの実感なのです。ダウン症の人がいる家族のイメージは、いまではどちらかというと、「素敵だな」です。

「だから私は、非常にハッピーなんです。息子はいい子だし、おじいちゃんズも子育てにコミットしてくれる。べつに世間様が認めるような形の家族でなくても、人間は幸せになれるし、何の問題もないとわかった。そういう価値観の変化も、大きかったかもしれないですね」

人の幸せは、家族の形や属性で決まるものではない。ダウン症の息子との暮らしや、おじいちゃんズとの日々のかかわりのなかで、晴子さんははっきりとそう理解したのでした。

＊おばあちゃんも一緒に食事

息子をかわいがって育ててくれるおじいちゃんズは、晴子さんにとって「すごくほほえましい」存在でもあります。

「むちゃくちゃ仲が良くて、うちに来るときは必ず一緒なんです。父ひとりで来たことは、一度もない。うちの父親が、彼氏の髪をずっと切ってあげているらしくて、しかもパートナーがそれを、恥ずかしそうにいうわけですよ。『いやぁ、○○ちゃんが切ってくれてるんだよね』って照れながら。ごちそうさま！（笑）」

息子さんの卒業式に、おじいちゃんズが来てくれたときの話も最高です。

「そもそも特別支援学校の卒業式って、ものすごく感動的なんですね。『ここまで大きくなってくれて本当にありがとう！　周りに幸せを与えてくれてありがとう！』という空気が充満している。そこにおじいちゃんズが参加してくれたんですけれど、そうしたらもう、私以上にわんわん泣いて。年寄りだから涙もろいんですね（笑）。

そのあと、私とうちの息子と、おじいちゃんズと、うちの母親もあとから来て、みんなで食事をしました。おじいちゃんズはふたりともお酒が大好きなもんだから、べろべろになって、喜んじゃって、息子に『食えー、食えー』って。息子はかわいそうに、食べすぎて気持ち悪くなっちゃった（笑）。

その席でうちの父親が『オレはもう、一生こいつ（パートナー）と生きていくから！』みたいなことをいって、みんなハイハイ、みたいな。気持ちよくなって、いいたくなっちゃったんでしょうね（笑）」

ちなみに、おじいちゃんズの御年は、おすぎとピーコよりもちょっと上くらいで、カミングアウトなど考えられなかった世代です。そんなふたりが、娘や孫たちを前に関係性をオープンにして、最高に幸せそうに飲み食いする様子は、話を聞くだけでちょっと胸にせまるものがあります。

それにしても、晴子さんのお母さんまでおじいちゃんズと一緒に食事をするというのは、なかなか驚きです。妻が、別れた夫やその恋人と交流するといったシチュエーションは、欧米の映画やドラマではよく見かけますが、日本ではまだあまり聞きません。

「うちの母親も、その後再婚したり、また離婚したりして、そういうところがわりとふっきれているんでしょうね（笑）。それに自分は病気がちで、うちの息子のことで身体的なサポートはできないから、おじいちゃんズのサポートはすごくありがたいみたい。

面白かったのが、うちの息子が高校生のとき、かわいらしい女の先生に初恋をしたんですよ。それで『息子に好きな人ができたみたい』っておばあちゃんに報告したら、『男？ 女!?』って。まずそこか！ と（笑）。これは、わが家ならではの話ですね」

30年前は夫の浮気相手が男性だったことにショックを受けた晴子さんのお母さんですが、「人間、好きになる相手が異性とは限らない」という事実を、いまや誰より深く受け止めているのでしょう。

＊子どもがひとりで悩んだときに

日本のＬＧＢＴの人口比率は「11人にひとり」とも、もっと多いともいわれています。

昔は表に出なかっただけで、比率としてはいまとそう変わらないはずですから、人生の途中で「親が実はゲイ（またはレズビアン）」とわかった人は、自分のほかにもけっこういるはずだ、と晴子さんは考えています。

「うちの父親のパートナーもご結婚されていて、子どももいるんですよ。奥さんはもう亡くなっているんですけれど。そんなふうに、世間的に受け入れられやすいように異性と結婚して子どもをつくっているゲイの人っていまもいると思うし、父くらいの世代ではもっといると思うんです。

それで、数年前からSNSで私と同じような立場の人を探し始めたんですけれど、なかなか会えなくて。会って話してみたいな、という気持ちはいまもどこかにあります。特に、悩んでいた高校生の頃に同じ境遇の人とつながれたら、一番よかったですね。

自分ひとりではもてあます、どう受け止めたらいいのかわからないようなことを、誰か聞いてくれる人がいたらよかった。それでたとえば、『あなたは子どもの側なんだから、そういうことは自分でどうにかしようなどと考えないで、お父さんとお母さんに任せたらいいのよ』みたいにいってくれたらよかったなって思います。親にも、そんなふうに頼れるところがあったらよかったと思うし」

つらかったあの時期に、誰かが話を聞いてくれていたら。自分はどうしたらいいのか、誰かが一緒に考えてくれていたら。

親が離婚していようといまいと、子どもが切実に求めているのは、そういうところなのでしょう。

Case 2 夫婦別姓のためペーパー離婚 苗字が異なる両親に思うこと

お父さんが「松浦さん」なら、お母さんも子どもも当然「松浦さん」だろう。私たちは何の気なしにそう思いがちですが、妻と夫がそれぞれの苗字のまま生活するため、事実婚やペーパー離婚を選ぶケースはときどきあります。

選択的夫婦別姓に反対する人は、よく「家族の中で苗字がバラバラだと一体感がなくなる」「子どもがかわいそうだ」などといいますが、それは本当なのか？　実際のところ、子ども自身はどう感じているのか。

今回知人を通して紹介してもらったのは、大学四年生の松浦将也さんです。就職を目前に、将也さんは最後の春休みを満喫中でした。もうじき卒業旅行に出るという彼に、中高年女性がにぎやかに集う百貨店内の喫茶店で、お話を聞かせてもらいました。

＊「一緒に暮らしている」が家族

将也さんとお父さんは「松浦」さんで、お母さんは「百瀬」さん。小さい頃から当たり前だったので、「苗字が違っても両親は結婚（法律婚）していると思い込んでいた」といいます。

両親は、将也さんが1歳のときに離婚をしました。といっても紙の上だけのこと（法的な手続きのみ）で、実際は婚姻中と変わらない生活を続ける、いわゆる「ペーパー離婚」です。

いまの日本の制度では、婚姻するときは必ずどちらか一方の姓を選ばなければならないため、ふたりとも旧姓を望んだ場合には、婚姻をあきらめて事実婚にするか、あるいは一度婚姻したあとにペーパー離婚することがよくあるのです。

婚姻して苗字を変えても（96％は女性）、「通称」として旧姓を使うケースは多いですが、不便さや違和感、つらさを感じている人は少なくありません。昔と比べると通称が認められる場面は広がったものの、公的な書類など通称では認められない部分もまだあります。

「僕は『一緒に暮らしていることが家族だ』と思っていたから、苗字が別であることに関しては、抵抗も違和感もなかったです」

将也さんにとって、両親の苗字が違うのは「ふつう」のことでした。ただ、両親がなぜ苗字が違うのか、またなぜペーパー離婚をしたのかについては、「早く説明してほしかった」といいます。

「両親が結婚している、と僕は思い込んでいたので、小学校のとき、クラスの子から『結婚するには、苗字が一緒じゃないといけないんじゃない？』といわれたとき、『うちの親は結婚しているけど、苗字は別々だ』みたいに答えてしまって。間違ったことをいってしまったのが、恥ずかしかったです。親もいつか教えようとは思っていたんでしょうけれど『遅いよ』と（苦笑）。僕が聞かなかったら、いついったんでしょうね」

子どもにいつ「家庭の事情」を説明するか？　これは、いわゆる「ふつう」と違う形の家族、すなわち「定形外家族」でよく話題になる、共通テーマのひとつです。離婚家庭（ペーパー離婚も含む）や再婚家庭、里親家庭等々では、「ふつうの家族」と異なる点や、そうなった理由について、子どもに説明する必要が生じますが、親たちはしばしばそのタイミングに悩んでいます。

隠すつもりはなくても、「あんまり小さいときに話してもわからないだろうから」と思って伝えそびれている間に、子どもが思春期に入り、話す機会を逃してしまった、というパターンがよく聞く「あるある」ですが、子どものほうは大体口をそろえて「もっと早く教えてほしかった」というのです。

最近増えているのは「すぐに全部は理解できないだろうけれど、小さいうちから繰り返し伝える」というやり方です。子どもは少しずつ事情を理解して、事実を受け止めていくため、過剰なショックを与えずに済むのです。

*うちの親、離婚してる!?

友達から指摘されて初めて、両親が婚姻関係にない可能性に気付いた将也さんは、親に「離婚してないよね?」と尋ねたそう。すると返ってきたのは「離婚してるよ」という、まさかの答えでした。

「ショックでした。それこそ先入観ですけれど、当時は離婚イコール、マイナスのイメージだったので。よく法律相談のバラエティ番組などで離婚の話をやっているのを見て、離

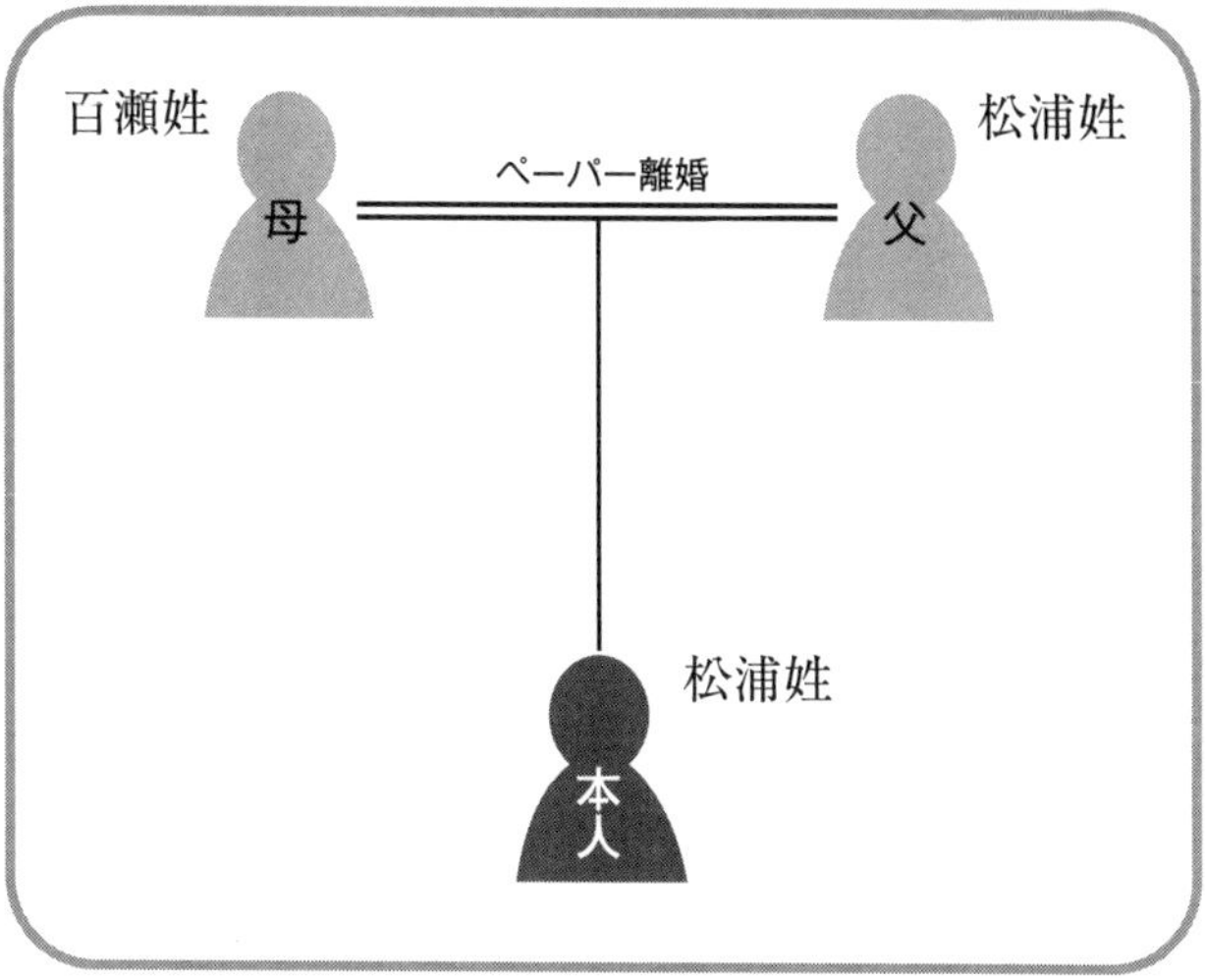

婚というのは不幸なものだ、と思ってました」

私も離婚を経験していますが、その感覚はよくわかります。ペーパー離婚もそうですが、離婚する本人が「結婚しているより、離婚したほうが良い人生を送れる」と思って離婚を選択していても、一般には「離婚＝不幸」の印象ばかりです。特に法律相談の番組は、こじれたケースばかり取り上げるので、ネガティブなイメージを増幅させます。

「でもショックを受けていたのは数十分です。親がそこでちゃんと説明してくれたので。『お母さんもお父さんも自分の元の苗字を使いから、確かに書類上は離婚している。でも実際にこうして仲良く暮らしているじゃないか』といわれて、確かに仲は悪くないなと。

それで安心しました」

「離婚」という単語を耳にしたときは、「もしかして本当は、両親は仲が悪いのか?」と心配になり、本当に別れることまで想像してしまったそうですが、きちんと説明をしてもらえたことで、将也さんの不安はすぐに解消されたのでした。

*「ふつう」だけが心地いい社会

将也さんは大学で法律を学び、母親の勧めもあって、家族法のゼミを選択したそう。

両親の苗字が異なることで子どもが困ることがあるか、と尋ねると「少なくとも僕の場合はゼロですね」とのこと。でも「他人から事情を聞かれたときに、説明するのが厄介だなと感じる」ことはあるといいます。

「うちの母親は保護者会などの場で『松浦将也の母の〝百瀬〟です』と自己紹介するから、そういう話を家で聞いたんでしょうね。中学生の頃は興味本位で、親の苗字について、ちょっと悪意のある質問をしてくるやつもいたので、煩わしかったです。『聞いてくるんじゃねえよ』と思っていました」

子どもたちは皆「違い」に敏感です。日本社会全体の特徴かもしれませんが、特に学校では、「みんなと違う」ことがネガティブに捉えられるため、将也さんも嫌な思いをしたようです。

「だから僕は、夫婦別姓を選べる制度が早くできてほしいです。両親の苗字が違っても『ふつう』でありたいから。マジョリティであることのほうが心が落ち着くので。苗字が違う、といったら『あ、そうなんだ』で終わるようなのがいいですよね」

「ふつう」でありたい――。

ストレートな言葉に、内心ちょっとひるんでしまいました。「ふつう」じゃなくても居心地の悪さを感じないような社会にしたい、というのが私の願いですが、現状はまだほど遠い状況です。

「ふつう」でありたい、という気持ちは、将也さんだけでなく多くの人が、さまざまな物事について抱いている本音でしょう。いまのこの社会では、少数派よりもマジョリティでいるほうが居心地がいいことが多いからです。

でも、どれだけ制度をつくっても、個々の人間の「違い」がなくなることはありません。だったら「みんながふつう」の社会を目指すよりも、「ふつうじゃなくても大丈夫」な社会にしたほうが、みんながハッピーになれるのではないでしょうか。

一見、将也さんの考えとは逆に見えるかもしれませんが、目指すところは同じです。ふつうだろうが、ふつうじゃなかろうが、誰もが「居心地がいい」と感じられる社会になれたら一番いいと思うのです。

＊個々のこだわりを肯定する方向

将也さんは長い間、選択的夫婦別姓の実現を目指して活動する母親を見て育ってきましたが、彼自身は自分の苗字にあまりこだわりがないといいます。

だからいつか結婚するときは「相手の苗字に変えてもいいし、松浦のままでもいい」とのこと。

「もし相手が『ダンナさんの苗字を名乗りたい』と思う人なら、その考えを尊重しますし、変えたくないというなら僕が変えるのにも抵抗はないです。画数がすごく多いとか、カッコ悪い苗字とかだったらちょっと嫌なので、そのときは別姓を選べる制度ができているといいですけれど（笑）」

疑問や不満を抱きながらも、最終的には自分が苗字を変えることを受け入れる女性が多いなか、将也さんのお母さんがペーパー離婚をしてでも自分の苗字を貫きたい、と思ったのはなぜだったのか？　理由は「正直なところ、僕には想像しきれない」というものの、「でも『こだわるのはおかしい』っていうのは、おかしい」と将也さんは考えます。

「僕は苗字にはこだわりませんけれど、人ってそれぞれこだわりがありますよね。そのこだわりは封じ込めるよりも、どうやって認めていくかを考えていくほうが大事じゃないですか。否定するんじゃなくて、どうすれば肯定できるか、という方向で考えるほうがいい。『こうしたい』と思うことをして、他人に害を及ぼさないのであれば、ほかの人がそれを邪魔したり否定したりする権利はないですよね。だからやっぱり、夫婦同姓でも別姓でも選べる制度ができてほしいと思います」

苗字や家族の形に限らず、何にでもあてはまる話かもしれません。他の人の権利を侵さない限り、「自分がこうしたい」と思うようにできたほうが、ラクになる人や、力を発揮できる人は増えるでしょう。

社会全体が、いわゆる「多様な価値観」を認めるようになっていけば、パフォーマンスも上がるし、よりみんなが幸せに近づいていけるのではないでしょうか。

Case 3 父親には「別の妻子」がいた大人につかれた嘘の痛み

ある日、Ｗｅｂ連載の取材応募フォームから「婚外子として生まれました」という40代の女性からメッセージを受け取りました。書かれていたのは、両親が結婚できなかった事情や、自分の命について悩みながら過ごした10代の頃の思いです。

つらい過去の記憶でありながら、心の整理ができているのか、怒りは感じられず、静かに凪いだような文面でした。

連絡をくれた谷崎涼子さんと会ったのは、8月のはじめ、路面に陽炎がたつような暑い日の午後でした。落ち着いて話せるようにと予約したカラオケ店の個室はひんやりと隔離され、酷暑や街の喧騒は、とても遠くに感じられました。

＊父と親しげな〝いとこ〟

ふだんは涼子さんとお母さんのふたり暮らしでした。父親は地方の大学で教える教授だったので、金曜の夜だけ家に帰り、土曜の夜には家を出ることを、小さいときは何とも思っていなかったそう。

でも小学校に入り、友達の家と自分の家の違いに気付くようになると、疑問が芽生え始めます。なぜ父親はあまり家にいないのか？　父親と母親の苗字が違うのはなぜなのか？　母に尋ねると「離婚しているから」という答えが返ってきました。確かに、それなら不思議ではありません。

それにしても、何かがおかしい。もやもやとした思いがふくらんだのは、小3のときでした。父親が遊園地へ連れていってくれた際、6歳上の「いとこ」を紹介されたのですが、彼女は涼子さんの父親に「ねぇ、ねぇ」と話しかけ、やけに親しげだったのです。

この人は誰なのか？　お父さんは「いとこ」といっているけれど、嘘な気がする——。疑問に思ったものの誰にも聞けませんでしたし、涼子さんに本当のことを説明してくれる大人も周囲にはいませんでした。

謎が解けたのは、小学校高学年のときでした。母親の実家に帰省した際に、祖母と母親の会話が聞こえてきたのです。

「3人でおこたに入って、私はお絵描きをしていたんです。私が没頭して何も耳に入っていないと思ったのか、祖母が父の名前をいって、『あそこの娘さんは、どうしてるの？』みたいな話をして。母は『○歳になったみたいよ』とか『どこの学校に行ってるみたいよ』とか答えている。そこで祖母が〝いとこ〟の名前をいったので、『あぁ、やっぱり、あの子は〝いとこ〟じゃなかったんだ』とわかりました」

お父さんには自分のほかにも〝娘〟がいて、母とは別に〝妻〟もいるらしい。きちんと説明されるのではなく、たまたま聞こえてくる形で真実を知らされた涼子さんは、そのショックを表に出して、誰かに受け止めてもらうことができませんでした。そのためにじわじわと、しかし大きなダメージを受けることになります。

当時読んだ漫画本には、涼子さんとよく似た境遇の女の子が出てきました。この子と同じように、私も〝愛人の子〟なのかな？　私って、いていい存在なのかな？　そんな疑問も、徐々にふくらんでいったそう。

学校を休みがちになったのは中学生の頃です。精神状態はもちろん、体調も悪かったため、最初はあちこちの病院に連れていかれていたのですが、ちっともよくならず、自殺をはかったこともありました。

「ある日、母親から『どうしちゃったの？』と聞かれて、泣きながら『もう、本当のことをいって』といいました。『いとこのお姉ちゃんは、本当は〝いとこ〟じゃないんでしょ？お母さんは違うけれど、私のお姉ちゃんなんでしょ？』って」

そこでようやく母親は、涼子さんに事実を話してくれたのでした。

＊後妻になる前提だった

母親は涼子さんが生まれる前、出版社で働いていたときに、父親と知り合いました。このとき父の妻、つまり姉の母親は、赤ちゃんだった姉を置いて家を出ていたそう。

母親は、父の相談にのるうちに、自分が赤ちゃんの面倒をみようと決めます。そこで「後妻になる前提」で父の家に入ったのですが、あいにく姑とうまくいきませんでした。

そうこうするうちに、母親は涼子さんを妊娠します。父親は「妻と離婚する」といい、母に「産んでくれ」と頼んだそうですが、結局は妻が家に戻ってきたため、離婚はできなかったということです。

後に涼子さんが父親に聞いたところ、「（妻から）『離婚したら死ぬ』といわれたので、離婚できなくなってしまった」とのこと。母親は「お父さんがはっきりしてくれなかったから、こうなっちゃったのよ」といったといいますが、なるほど、間違いありません。

母親が父親と結婚できなかった経緯を聞き、涼子さんが抱えてきた疑問はだいぶ解消されました。しかしそれでも「自分は、いていい存在なのか？」という思いは消えなかったといいます。

「母親は、仕事関係の男性から好意を寄せられることもあったみたいですが、付き合ったりすることは全然なくて。それを『私が父と母の鎖になってしまっているせいじゃないか？私がいるから、母はいつまでも父と離れられなくて、ふつうに結婚できなかったんじゃないかな』というふうに思っちゃったんです」

子どもはよく大人が想像もしないことを「自分のせいだ」と思い悩みます。母親がほかの人と結婚しなかったのは涼子さんのせいではなく、単に父親より好きになる人が現れなかっただけではないかと思うのですが、涼子さんは「私が存在するせい」と考えてしまったのでしょう。

世間はしばしば未婚の母に対し「子どもがかわいそうだ」などと責めることがありますが、涼子さんは自分よりむしろ母親を「かわいそう」と感じ、そのために自分を責めていました。それはある種、世間が「未婚の母」を認めないために起きる二次被害のようにも思えます。

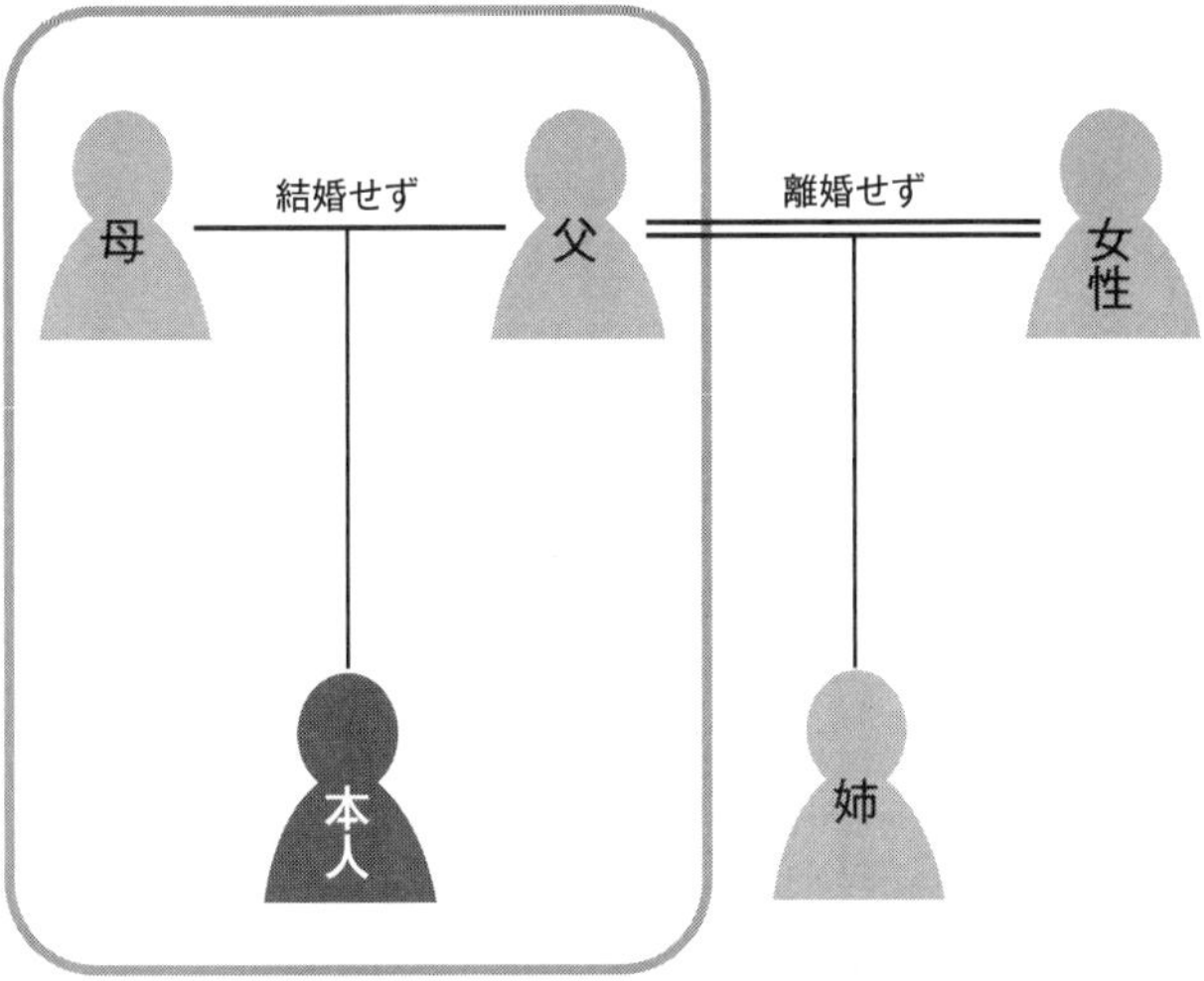

＊感情をぶつけられる母と娘

涼子さん＆お母さんと、姉＆その母親との関係は、微妙です。話を聞く前は、ほとんどかかわりがないものかと想像していましたが、何しろ父親が同一人物なので接触は不可避なところもあり、親せき関係にやや近いような印象です。

ただ、関係性としては対称でなく、涼子さんたちが先方から一方的に責められることが多かったようです。

「私が高校生の頃、大人になった姉が、うちの母に思いをぶつけたんですよ。母が一時期、自分を育ててくれたことには感謝しているけれど、その後、私は苦しい思いをした、と。

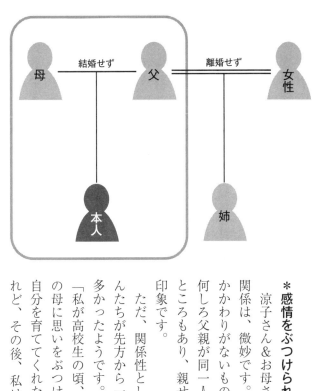

姉はその気持ちをぶつけてすっきりしたようで、『もう私には関係のないことだから』と、水に流すようなこともいっていました。私に対しても『腹違いのきょうだいということは、ふつうに受け止める』といってくれて」

姉やその母親は、父親と法的な家族ではあったものの、置かれた状況は涼子さんたちとあまり変わらなかったのでしょう。苦しい思いは、お互いしてきたのです。

さらに後には、涼子さんが姉の母親から恨みをぶつけられます。一度目は3年前、涼子さんの母親の葬式のときでした。来ると聞いていた姉が急に体調を崩したため、代わりに姉の母親が無断でやってきた上、「(涼子さんの母親が)亡くなって清々しているが、恨んではいない」などと言い残していったのです。

二度目は昨年のお正月でした。父に招かれ、やむなく先方の家に顔を出したところ、また「昔、涼子さんの母方の祖父から侮辱されて傷ついた」「(涼子さんの母親が)羨ましかったし、疎ましかった」などと、思いをぶつけられたそう。

姉が涼子さんの母親に思いをぶつけ、姉の母親が涼子さんに恨みをぶつけ。涼子さんと母親だってつらかったのですから、いい返してもよさそうなものですが、それは一度もなかったといいます。

「私も感情をぶつけ返したからといって、何かが解決するわけじゃないし」と涼子さんはいいますが、聞いている私のほうが釈然としません。

もしかすると文句をいえなかったのには、法律上は先方が正式な家族である、という遠慮もあったのでしょうか。あるいは、おっとりとした涼子さんの人柄のせいだったのか。彼女と話していると、「もし逆の立場だったとしても、この人が他人に恨みをぶつけることはなさそうだな」という気もします。

ただ冷静に考えると、姉とその母親も、涼子さんと母親も、本当に恨みをぶつけるべき相手は違ったはずです。彼女たちを悩ませたのは、優柔不断なまま二つの家族をもってしまった「父親」ではないでしょうか。

「父親には、母から事実を聞いてすぐの頃に、一度だけ文句をいった気はします。このときは、父も私もわーっと泣き合って終わっちゃった。父に抱きしめられて泣いていたことは、覚えているんですけれど」

涼子さんはいまも、父親に思いをぶつけたい気持ちはあるといいますが、彼女の優しい性格を考えると、おそらく実行に移すことはないように思えます。

＊もっと早く事実を

いわゆる〝婚外子差別〟を受けたことはあるかと尋ねると、それは「ない」といいます。わざわざ人に話さないので、周囲からは離婚家庭と思われてきたのです。

それならもしかすると、父親に別の妻子がいることをいっそ知らないほうがよかったかと尋ねると、少し考えて「でも、そのうちわかることなので、ちゃんといってほしかった」とのこと。

「子どもってけっこう、大人の事情に気付いているものだから、やっぱりちゃんといってほしかったです。大人は『隠し通せる』と思っているけれど、そのうちどうせ、わかることなので。いまでも『なんであのとき、本当のことをいってくれなかったんだろう』という思いが残っています。

私が小さかったから、説明しても理解できないと思ったのかもしれないけれど、それで済む話ではないでしょう。もしもっと早く本当のことをいってくれていたら、姉とだってもう少し近い関係になれていたかもしれません。

大人はよく『嘘をついてはいけない』とかいうけれど、お母さんやお父さんが、いちばん大きな嘘をついていたじゃないって思います（苦笑）」

もっと早く、本当のことを教えてほしかった。子どもの立場だった人たちから、繰り返し聞く言葉です。大人たちはよく、自分たちにとって都合のよくない情報を子どもから遠ざけたり、ごまかしたりしてしまうものですが、その結果、子どもは疑問や不安な気持ちを誰にも打ち明けられず、つらい思いをすることになりがちです。

大人たちはもうちょっと、子どもたちが自分と対等な人間であることを思い出す必要があるのかもしれません。

＊＊＊＊＊

この章で紹介した3人の話から、「ちゃんと説明をしない」ということが子どもにとってこれほど痛手になるのか、と驚いた人もいるでしょうか。私も最初はびっくりしました。親が子どもに「嘘をつく」のはさすがによくないとしても、「黙っているだけ」というくらいなら、それほど問題はないだろうと思っている大人は多いものです。

しかし実際のところ子どもたちは、必要な時期に必要とする説明を受けられないと、本来はしなくてもいい心配をしたり、自分を責めて苦しんでしまったりすることがとても多いのを、取材のなかで実感するようになりました。

この本の第2章以降にも、同様の経験談は出てきます。とくに第3章の「真実告知」や「出自を知る権利」の話は、究極の「大人が子どもにちゃんと説明しない問題」といえるかもしれません。

「そんなに知りたいと思うなら、子どものほうから聞けばいいじゃないか」と思われるかもしれませんが、大人が嘘をついていたり、説明に及び腰だったりすると、子どもは気配を察して、自分からは聞けなくなるようです。Case3に登場した谷崎涼子さんが長く苦しんだのも、そのためでしょう。

以前取材したある女性は、こんなふうに話していました。彼女は父親が自死したことを、母親から長い間隠されていた経験があります。

「(父親が)何で死んだの? って母親に聞きました。そうしたら『心不全』といわれ、そんなわけがないと思いながらも、それ以上はこわくて聞けなかった。でも『おかしい』というのは、すごく感じるんですね。子どもって大人が思うよりもずっと言語外のことを感じるから、大人が何かを隠していることだけはよくわかる。

するとと呪いがかかるんです。一つは『聞いちゃいけない』、もう一つは『自分がそのことについてどう感じているかをしゃべってはいけない』という、二つの呪いです。それは、生殺しの地獄みたいなものでした」

親自身も打ちのめされており、子どもにどう伝えればいいか悩むこともあるかもしれません。でも子どもは我々の気付かないところで、もっと苦しんでいる可能性があります。

相手が子どもだからこそ、重要な事実はきちんと伝えたほうがいいのでしょう。

第２章

親を背負う子ども

取材の時期……Case4 2018 年 6 月
Case5 2018 年 7 月

依存症、統合失調症、うつ病など、精神疾患がある親のもとで育つ子どもたちがいます。なかには親の通院の付き添いや家事を引き受けたり、きょうだいの面倒をみたりする子どもたちもいて、「ヤングケアラー」(家族の介護を担う18歳未満の子ども)と呼ばれています。

こういった子どもたちの存在に、私はなかなか気付く機会がありませんでした。初めて知ったのは、比較的最近です。

ある大学生に二度目の取材をした際、話の流れで彼の母親が精神病であることを知りました。家事はほぼできない状態で、ヘルパーさんが来てくれていましたが、夫とは別居状態であり、通院の付き添いなどは息子である彼がしてきたといいます。

本人は慣れっこで違和感を抱いていないようですが、私は彼がそのような状況で受験勉強を乗り切ったことに思い至り、ショックを受けていました。1年前に会ったときには、全く気付けなかったからです。子どもが家庭のなかで抱える困難に周囲の大人が気付くのは、思ったよりもかなり難しいことなのかもしれません。

彼のように、精神疾患を抱える親のもとで孤立しがちな状況に置かれた子どもは、じつはたくさんいるんだろうな、と気付かされた一件でした。

この章で紹介するふたりも、精神疾患を抱えた親のもとで生活してきた人たちです。一人目はアルコール依存の父親をもつ武井昌史さん（仮名）、二人目は子ども時代を統合失調症の母親と暮らした石崎祐実さん（仮名）です。

昌史さんは現在も実家で老親の面倒をみながら暮らしている一方、祐実さんは中学を卒業するときに家を出ており、母親とはもう絶縁状態にあります。

Case 4　憧れだった父のアルコール依存　母は少しずつあきらめていった

律儀な人だなぁ、ということは取材前のやりとりからも感じていました。関西に住む30代男性、武井昌史さんとは、6月の週末に会うことになっていたのですが、数週間前になって、こんなメールを送ってくれたのです。

「父親がアルコール依存症だった、とご連絡しましたが、改めて確認しましたところ、精神科での正式な診断には至っていないようです。情報が正確でなかった点、申し訳ございません。もし取材にそぐわないと感じられましたら、キャンセルしていただいてもかまいません」

千葉県から大阪へ向かう私に無駄足を踏ませてはいけないと考えたのでしょう。あるいはもしかすると、父親がアルコール依存症と思いたくない気持ちも多少はあったのか――。こちらは診断の有無は特に気にしておらず、父親が自分の意志で飲酒をやめられなかった状況について、息子である昌史さんが感じてきたことを聞かせてもらえればありがたい、という旨を返信したのでした。

日曜の朝、新幹線で降り立った新大阪駅は、大勢の観光客や外国人旅行客で賑わっていました。待ち合わせた珈琲店のドアを押すと、奥の席に座った人の良さそうな男性が軽く腰を浮かせ、ちょっと緊張したふうな笑顔で、会釈をしてくれました。

＊お酒で狂っていった父の人生

「父は現状、お酒をやめています。といい切れたらカッコいいんですが、頭のなかではいつもお酒のことを考えている。周りに家族の目があるからやめざるを得ない、という状況です。飲んでいた頃のことも、別に異常な事態とは思っていないですよね。スリップ（断酒後の再飲酒）も、半年に1回くらいありました」

昌史さんの父親がお酒をやめたのは約4年前、70歳になるやや手前のときでした。肝機能の悪化で五度目の入院をした際、容態を見かねた内科の先生から「もうお酒を飲める身体ではない」と告げられたのです。

「最初に医者にかかったのは、在職中だったと思うんです。父親はもともと電車の運転士で、55歳で早期退職しました。50代に入ったときにはもうγ－GTPの値が高くて、『あなたはお酒を飲んでいる限り健康になれない』といわれていた。その頃は何年かに一度入院する程度だったのが、だんだん間隔が短くなり、2年に一度になり、毎年になり。最後のほうは、何か月かに一度、という感じでしたね」

肝機能検査では、γ－GTPの値が最大で2500に達したこともありました。「一般的には400くらいで即入院のレベル」といいますから、ただならぬ数値です。最後に入院したときは、医者から「このままなら5年後の生存率は5割程度」といわれたそう。

5、6年前には、母親も入院をしています。白血病で、一時は生きるか死ぬかもわからない病状でしたが、幸い良い経過をたどりました。ようやく退院が決まってほっとしたのも束の間、今度は関東で暮らしていた昌史さんの兄が、突然事故で亡くなってしまいます。

傍目には、母親の入院や兄の死がきっかけで父親の酒量が増えたように見えますが、実は「そうではない」と昌史さんはいいます。

「お酒で父の人生が狂っていく過程は、若い頃からずっと続いていて、最後に本当にブレーキが利かなくなった時期が、たまたまそこに重なったと認識しています」

父親の人生が「お酒で狂っていく」という状況は、子どもの立場の昌史さんにとって、どんなものだったのでしょうか。

＊小さい頃は憧れの存在だった

ものごころがついたときから、父親は毎日必ずお酒を飲んでいました。よくある昭和のドラマのように、ちゃぶ台をひっくり返して暴れまわるようなことはありませんでしたが、食事のときには必ず飲んでいた姿が、目に焼き付いています。

「いまでもよく姉と話すんですけれど、小さい頃は憧れの存在だったんです。幼稚園とか、小学校の低学年の頃、電車の運転士ってみんな大好きでしたよね。自分もいつかなれたらな、と思っていました。

でも10代になってくると、どうやら周りに誇れる親ではない、と気付き始める。高校を卒業する頃には、どちらかというと残念な部類の、恥ずかしい人、という思い。『あの人はお酒さえなければ、もっと立派な人やったのにな』ということを、すごく思っていまし

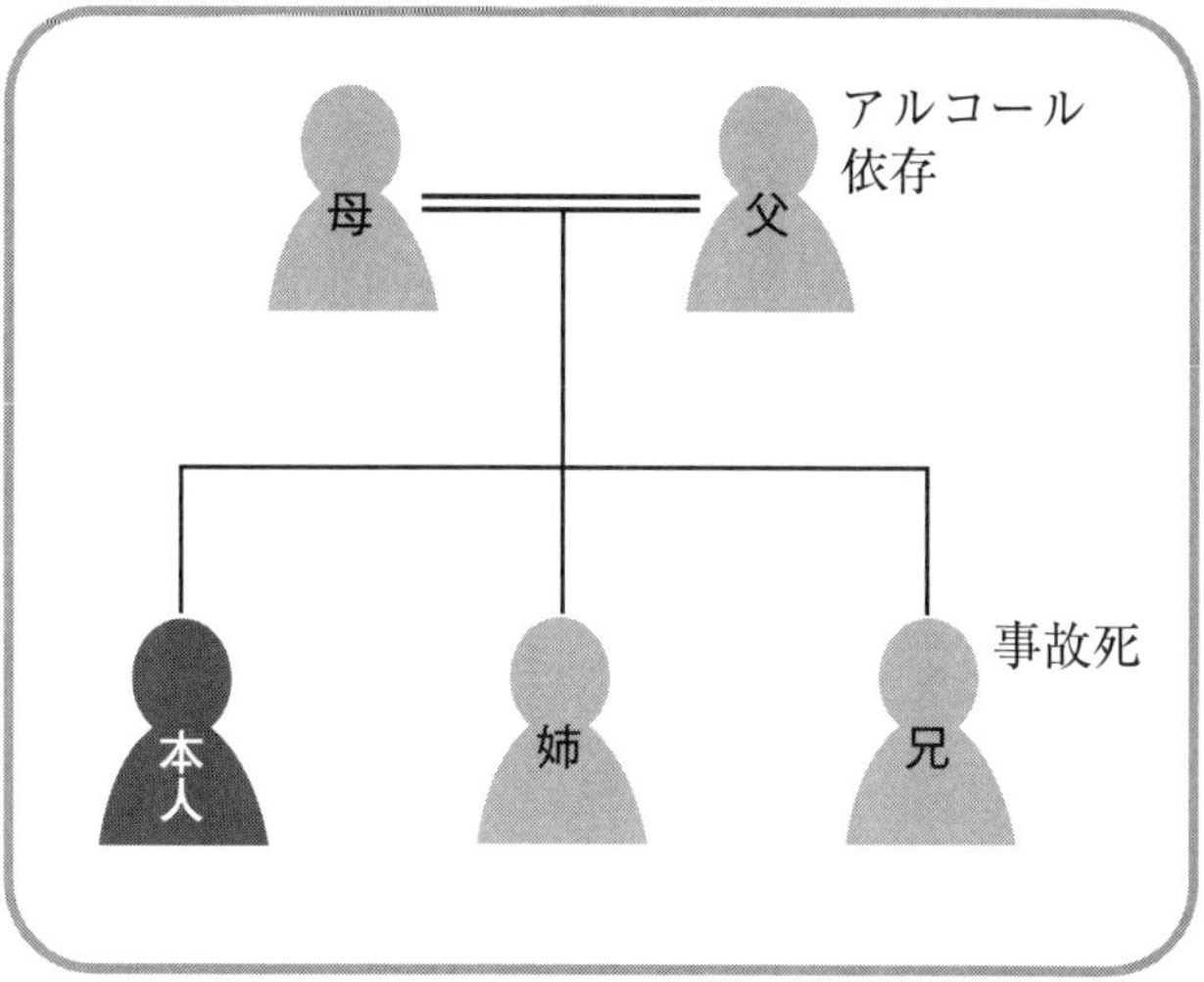

たね」
なぜお酒をたくさん飲む父親を恥ずかしいと感じたのか？　尋ねると「飲み方がとにかく汚い」のだといいます。
「ひとりで飲むのが好きではなくて、必ず友達と飲みたがるんです。若い頃はよかったんですけれど、50代になってからは、家に呼んだ友達と毎回喧嘩をする。感情が昂ってくるので、お互いに声のトーンがどんどん上がって険悪ないい合いになり、しまいには家族にも声を荒らげます。
また、いうことが汚いんですよ。最近はよくハラスメントが世間で取り沙汰されますけれど、そういう意味では『一発でアウト』なことばかり（苦笑）。母には男尊女卑な言葉

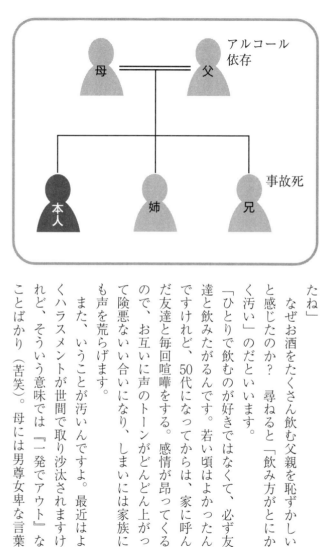

をぶつけるし、友達には何の根拠もないのに『おまえのそういうところが』などというから、いわれたほうは『なんでそんなことといわれなあかん？』となります」

呼ばれたほうの友達も、懲りずに毎回よく来たものだと思いますが、お酒を飲みたい気持ちが勝ったのでしょう。いまはその人も、アルコール依存だということです。

昌史さんら家族が、父親のせいで被った影響はたくさんありますが、最も大きかったのはお金のことです。彼の両親はもはや、自分たちの生活を維持できる財力がないため、生活費や家のリフォーム代などは、共に暮らす昌史さんが担ってきました。

「うちの父親はおじいちゃんが建てた家で生活してきて、〝家をさわっていない〟んです。家を建てた人でもないし、リフォームもしていない。一般的に考えて、そこのウエイトって大きくて、何千万円も（預貯金が）変わってくるじゃないですか。それだけの負担がなかったにもかかわらず、いま残っていないんですよ。全部、お酒やそのための付き合い、飲酒運転で潰した車の買い替えや、いろんなもんに消えている。

冷静に考えたら、家族に将来こういうことがあるので、このぐらい確保しておこうとか、そういう計画があると思うんですが、それがない。おそらくプランをもっていたとしても、それに乗ることができないんです」

55歳で早期退職したことからも、計画性のなさはうかがわれます。昌史さんが高校に入学した頃には、もう父親の退職は決まっていたため、大学進学は無意識のうちにあきらめていました。高校を出て社会人になったときは「親には頼れない、という意識がすごく強かった」といいます。

何年か前には結婚を考える相手がいたのですが、その際にも、父親のアルコール問題がネックになりました。

「彼女を親の前に連れてきたときにどういう結果になるか、目に見えているんですよ。親が醜態をさらすのは、見ていてうれしいものではない。彼女には父親のことを話しましたが、でも彼女のご両親や親せきの方がどう思うか、と考えると……。やっぱり会わせたくないし、存在を知られたくなかった。今後また機会があったとして、そこをどうやって乗り越えたらいいのか、と思います」

これまで唯一よかったと思う点は、父親を反面教師にして生きてこられたことだといいます。「ああいう父親にはなりたくない、という意識が強かったので、自分でいうのもアレですが、まじめな性格なんです」。それはメールの文面からも、よくわかりました。誰かいい人を紹介できないかしらと、ついお節介心が疼きます。

＊問題の本質は思考の停止

お酒をやめてから、父親は昌史さんとともに「断酒会」に通ってきました。断酒会というのは、アルコール依存の本人と家族の自助会です。全国に支部があり、参加した当事者はそれぞれ自分の体験談を話し、互いに耳を傾け合います。

昌史さんは、自身の経験や、断酒会で聞いたさまざまな話から、「あきらめてしまうことの怖さ」を感じてきたといいます。

「いろんなものに打ちのめされていくうちに、いろんなことをあきらめていく、というところが大いにあると思うんです。その過程のなかで、いろんな選択肢が失われていき、どんどんどうにもならなくなっていってしまう。

問題の本質は『思考が止まってしまう』というところだと思うんです。うちの母親がまさにそうだったんですけれど、問題があることがわかっていても、どう改善していくか、という行動に結び付かなくなる。

いまはネットで調べれば、解決の糸口になる情報がたくさんあると思うんですよ。でも、そこにうまくつながらない人や、それを選べない状況ですごく苦しい思いをしている人は、いっぱいいるんじゃないかと思います。その解決策に取り組んだとして、本当に状況が改善すると信じられるかどうか、という問題もありますよね。うちの場合も、信じて取り組み続けるには気力と勇気が必要でしたし、本当に長い時間が必要でした」

両親を責めるような言葉をほとんど口にしない昌史さんですが、本当は母親に対して、行動を起こしてほしかった気持ちもあるようです。

「父親がこんなふうで恥ずかしい、という私の思いも、もともとは母親がもっていた思いだったと、いまは思います。母親はいまでも、父に恨みのようなものをもっていると思う。母自身に『自分の人生を自分でつくる』というような意識はなかったと思います」

親に離婚してほしいとは思わないのかと尋ねると、それはないといいます。両親が決めることだから「勧めるわけでもないが止めることでもない」と考えているのだそう。姉はずっと「次に父親が再飲酒したら、離婚してほしい」と母親にいっているようですが、もしいま家族が縁を切れば父親がたちまち再飲酒に至り、命を落とすことは目に見えています。また、離婚しようがしまいが、もしまた父親が酒を飲んでもめ事を起こせば、金銭面を含め全ての問題が昌史さんの元に届くのです。離婚を積極的に願う理由もない、ということです。

＊依存症にもっと危機感を

昌史さんは常々「世間はもっと、アルコール依存への危機感をもったほうがいい」と感じてきました。

「みんなお酒に対して、すごく寛容ですよね。それを僕は、とても怖いことだと感じています。たとえば飲酒運転をしてしまう人や泥酔してしまう人って、自分の意志で飲むことをやめられないわけだから、アルコール依存に至る確率はかなり高いですよね。そういう人の周りで、みんなが楽しく飲んでいるのを見ると、すごく怖くなります。

こういう人たちがもっと早く、専門医につながれるといいんですが、アルコール依存の治療は、内科医では無理なんです。内科は血液検査の数値がよくなったら患者を退院させざるを得ないけれど、それでは問題の根本は解決しません。

でも、専門医につながるのも、すごくハードルが高いことです。うちもアルコール依存の治療で有名な近くの精神科病院に行ったんですけれど、父親が頑なに拒否して、診察室の戸が開いても、どうしても中に入らない。そういう方は、おそらく決して少なくないと思います」

依存症は「否認の病気」といわれています。必ずしも本人が病を認めて専門医まで足を運ばなくても、何かしらの形で治療を受けられる仕組みがあるとよさそうに思えますが、やはり本人に治療の意思がないと、改善は難しいのでしょうか。

「父親に関しては、お酒さえなければもっとまともな人のはずなのに、と信じたかったし、信じたい思いはいまでもあります。いまは飲酒が止まっている状況ですけれど、小さい頃の、電車の運転士としての父親への憧れの感情は、かえってこない。いまに至ってはもう、自分のほうが保護者みたいな感覚です（苦笑）」

せつない言葉です。

これからは「もっと自分の人生に集中したい」という昌史さんに、「だったらもう親を置いて、家を出てしまってもいいのでは？」と尋ねると「だって、僕の家ですもん（笑）」との返事。それは確かにそうです。自分でリフォームまでしたのに、彼が家を出るという選択は理にかないません。

「結婚して子どもをもつ」という、いわゆる「ふつうの人生」を望みつつ、しかし父親のことを思うと「前向きになりたいような、なれないような……」と、昌史さんは苦笑しながら話すのでした。

Case 5
統合失調症の母とふたり暮らし 母を捨てるという選択

「中学卒業まで、統合失調症の母とふたりで暮らしていました」

連絡をくれたのは、都内に住む30代の女性でした。私はその頃ちょうど、以前取材した大学生が精神疾患のある親と生活してきたことを知り、同様の状況にある子どもたちのことが気になっていたこともあり、話を聞かせてもらおうと決めたのでした。

石崎祐実さんと待ち合わせたのは、山手線の駅近くにある、地下の喫茶店でした。メールの文面から堅い雰囲気の人物を想像していましたが、ほんのり照明を落とした店内で待っていたのは、どこか素朴で、ほっとする空気をまとった女性でした。

＊「生活」というものがなかった

母親は、祐実さんが生まれる前から統合失調症を発症していたようです。

統合失調症というのは、脳の働きがうまくいかなくなり、妄想や幻聴などが出る精神疾患です。決してそう珍しい病気ではなく、100人に1人は発症するといわれています。

症状の度合いは人によって異なりますが、祐実さんの母親のそれは重いものでした。しかも家族は、母親と祐実さんのふたりきり。医者である父親は、祐実さんが生まれてすぐ母親と別居しており、小学生のときには離婚していました。

父親は養育費だけはたっぷり払ってくれたものの、その後再婚したこともあってか、祐実さんの生活には、ほとんどかかわろうとしませんでした。母方の祖父母や親せきも近くにおらず、且つ「母を疎ましがっていた」ため、祐実さんの周囲に頼れる大人は皆無だったそう。

「母はずっと薬の副作用で寝ているんですが、部屋からうめき声がしたり、何か訳のわからないことをいい出したり。聞こえないように、私はいつも頭から布団をかぶって、本や漫画を読んだり、音楽を聴いたりしていました。

食事を作ってもらったことは、ほとんどないです。小学校中学年の頃からずっと、毎日千円を渡されて『これでどうにかしなさい』といわれていて。近所のスーパーやコンビニでお弁当を買ったり、ファミレスでひとりで食べたりしていました。だから私は、ちゃんと朝起きてご飯を食べて、学校に行って帰ってきて、みんなと遊んで、勉強して寝る、みたいな〝生活〟というものを一度も送ったことがありません」

親の病気によって、家のなかでここまで孤立している子どもがいるとは――。恥ずかしながら、私はずっと知りませんでした。祐実さんひとりを母親のもとに残して家を出た父親に、なぜそんなことができたのか、聞いてみたくもなります。

「症状がひどいとき、母は『自分のお金を盗まれている』という被害妄想を抱いて、口座があった近くの郵便局に怒鳴り込んだり、警察に行ってワーッと喚いたりしていました。近所の人は『あの家の子どもだ』という目で私を見ます。悪化したときは、妄想にとりつかれて暴れることもありました。だから、私はいつも緊張していました。子どもではいられないんですよね」

苦労したね、などという言葉では到底足りないでしょう。子どもにとっては虐待やネグレクトにも近い状態ですが、母親も決して好きで病気になったわけではありません。誰も責められないのも、苦しいところです。

＊いってもわかってもらえない

周囲の大人たちも、残念ながら祐実さんの置かれた特殊な状況に気付くことはありませんでした。

「『母がおかしい』ということを、私は人にいえないわけです。母はいつも目に見えておかしいわけじゃなく、学校の先生と接するときだけはわりとふつうだったりするので。そういうときは本当に、『ただの穏やかなお母さん』だから、ふだんのことをいってもわかってもらえません。

一度耐え切れなくなって学校の先生に話したときは、『せっかく産んでくれた母親にそんなひどいことをいうなんて、なんて子どもなのか』と責められたこともあります」

母親は何度か精神科に入院しましたが、祐実さんはその間、児童相談所の一時保護所や全寮制の養護学校（現・特別支援学校）に入っていました。一度は「孤児院」に入る話も出ましたが、これは拒否したのだそう。おそらく児童養護施設のことでしょうが（大昔は「孤児院」と呼ばれていました）、祐実さんは「孤児院」と聞かされたため「親が生きている子どもが行くところではない」と思ってしまったのです。

小学校のときは、ほぼ不登校でした。「学校にはたまに行く」という程度で、ときどき児童相談所や教育センターに通っていたそう。習い事もたくさんしていましたが、どれも「行ったり行かなかったり」だったといいます。

「ずっと『死にたい』という思いがあって、高学年の頃からリストカットが始まりました。当時のことは断片的にしか覚えていないんですけれど、その頃に考えていたのは、『自分が死ぬか、お母さんを殺すか』。とにかく母親と離れたかった。

何もかもが嫌だったんです。母親が近所に行って問題を起こすのも、そのわりに学校の先生と会うときだけ調子がよかったりするのも、家でずっと寝ているのも。母といっしょに外を歩くと、みんなから見られる視線も嫌でした」

お母さんは病気なんだから、そんなことをいわないであげて――。祐実さんが、さんざんいわれてきたことです。もちろんお母さんも病気になどなりたくなかったでしょう。しかし、いくらお母さんが望まなかったことだとしても、祐実さんのつらくえぐられるような日々が、帳消しになるものでもありません。

＊母の主治医が理解者だった

当時、祐実さんの支えとなったのは、母親が通っていた精神科の主治医でした。主治医は、患者やその家族が「用もなく集まれる場所」としてクリニックの一部を開放しており、祐実さんもそこで話すことができたのです。

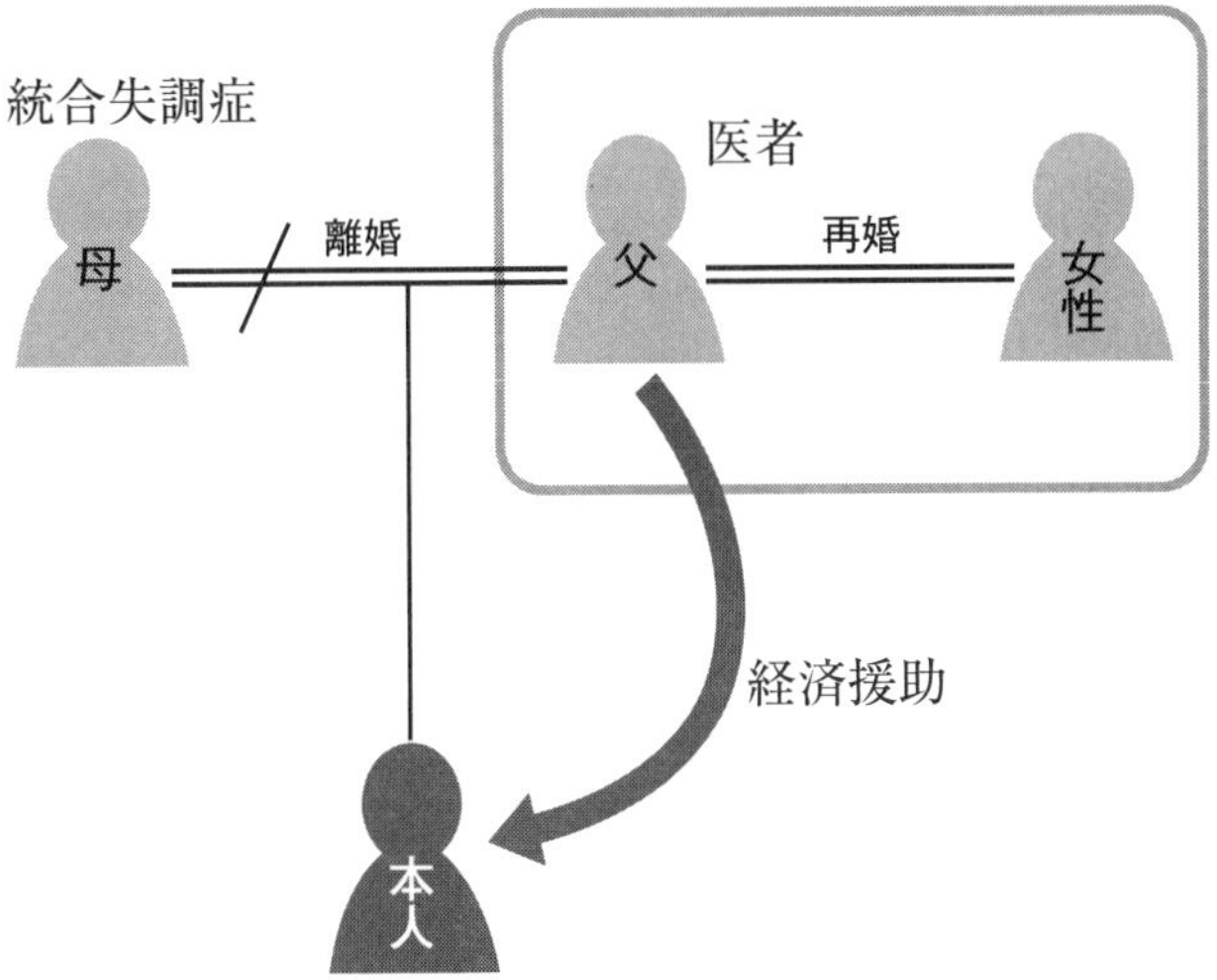

「母の主治医の先生には、いろんなことを教えてもらいました。当時私も不眠症の傾向があったので、弱いお薬を出してもらったこともあります。私のことも心配してくれていたんでしょうね。

小学校高学年からは、その先生がつくった劇団に参加するようになって、そこが私の居場所になりました。母とふたりだけの家以外に居場所をもてたことは、私の人生において救いでした。もし家だけだったら、私は壊れていたかもしれない。この先生には非常に感謝していて、『育ての父』と呼んでいたこともあります」

患者だけでなくその家族、とりわけ子どもの立場にもしっかりと目を配ってくれる医者と出会えたことは、祐実さんにとって幸いでした。フラットな立ち位置で患者や家族とかかわってくれる医者は、世の中にあまり多くはなさそうです。

「中学を出てひとり暮らしを始めてから、たまたまこの先生と再会したことがあって。ニヤリと笑って『孤独だろう?』といわれたことを、よく覚えています。私をあまり子ども扱いしなかったんですね。それが、ボロボロだった私の自己肯定感をすごく支えてくれていました。

小学校のとき、私が間違った期待をしないように、母の病状をちゃんと説明してくれたことにも感謝しています。すごくいい理解者でした」

大人たちはしばしば「子どもには残酷だ」などと決めつけて、真実を子どもから勝手に遠ざけがちですが、そのために割りを食うのは結局、子ども自身だったりします。母親の主治医は、相手が大人でも子どもでも、ひとりの人間として対等に扱うことを当然と考えるタイプだったのでしょう。

*ついにエネルギーが切れた

小学校を卒業すると、祐実さんは母親の元を離れたい一心で、寮がある中高一貫校に入ります。しかし人間関係をうまく築けず、まもなく寮を出ることになりました。中学を卒業するときに部屋を借りて、ようやく家を離れられたのですが、残念ながらその学校はひとり暮らしを認めていなかったため、高校進学をあきらめることになります。

中学を卒業した祐実さんは、その年のうちに予備校に通って大検に合格しました。それからはアルバイトをしながら舞台制作に携わり、高校3年にあたる年には再び予備校に通って、大学に無事合格します。そうして東京に出てきたのですが、学費の出資者である父親のいいつけに従って「苦手な理系」に進んだため単位が取れず、大学は中退することになってしまったそう。

祐実さんのエネルギーが尽き始めたのは、この頃です。離れたくて仕方なかった母親からようやく遠く離れ、舞台制作にかかわることもやめてしまったら「何も残っていなかった」のです。その頃彼女はちょうど、腕が動かなくなるほどの大怪我をして家から出られなくなり、精神状態は悪化していきました。

その後数年は部屋にひきこもらざるを得ず、とても苦しい日々が続きましたが、あるボランティア活動を始めたことを機に、祐実さんは浮上し始めます。その後、難しい試験に独学で合格し、適職とめぐりあい、いまも向精神薬は飲んでいますが、落ち着いて生活できるようになったということです。

＊想像のなさへの苛立ち

父親に対する祐実さんの思いは、複雑です。

「父親の経済的な援助のおかげで、お金に困ったことはなく、それは確かにありがたいと思っています。でも私はやっぱり、父に身近にいてほしかった。お金だけ払って〝親〟という顔をするんじゃなくて、いちばんつらいときにちゃんと親としていてほしかった。私の精神状態が悪かったときは、電話すると疎ましがってすぐ切ったし、私が手術を受けたときは、家族の同意が必要で父に住所を尋ねたんですけれど、教えてくれなくてショックでした。

やっぱり許せないですよね。父は母と離婚してしまえば、あとはほかの人に安らぎを求めることができたわけです。実際、再婚もしている。でも私はそうじゃない。父親は私に『あなたのお母さんなんだから、優しくしなさい』というけれど、『あなたは自分で選べたけれど、私は自分で選んでいないのよ』と思います」

祐実さんのいう通りです。結婚相手は選べますが、子どもは親を選べません。父親の言動は、ちょっと理不尽過ぎるように感じられます。

一方で祐実さんは、世間の想像力のなさにに対して、よく苛立ちを感じるといいます。

「厳しい状況にある人に対して、『自己責任だ』という人がよくいますよね。あれを聞くと『ああ、いいおうちでお育ちになったんですね』と思います。『あなたも、ものごころがついたときから15年間、統合失調症の親とふたり暮らしをしてごらんなさいよ』って。

テレビで一時保護所の様子を見て『こんなところにいる子はかわいそうよね。まともな大人にならないのでは？』といった感想を私の前でいう人もいるけれど、『あなたの目の前にいるのが、その施設にいた人ですよ』と（苦笑）。

『おまえ、統合失調症なんじゃないの？』とか『アスペルガーじゃない？』とか、簡単にいう人にも腹が立ちます。私自身、精神状態が悪かったり、集団生活になじめなかったり、生きづらさを感じてきて、つねに『実は自分も病気なのではないか』という不安と闘っているので。

ちゃんと理解してほしいとは思いません。ただ、せめて『該当する人がいる可能性』を、もうちょっと知っておいてほしいです」

いっているほうは、悪気はないのでしょう。しかしそれをいわれたら、いたたまれない思いをする人がいるのです。もしかしたら、私もうっかり似たようなことをいっていることがあるかもしれません。想像力を欠いた発言が誰かを傷つける可能性を、どうにか忘れずにいたいものです。

「大概のことにあきらめがついたいまでさえ、どうしようもなく『ふつう』というものに憧れるときがあります。たとえば同世代の人が結婚して、子どもを産んで家庭をつくって、という姿を見ると、そっちのほうが『ふつう』で『偉い』ように感じてしまう。どうしてでしょうね」

「ふつう」への、どうしようもない憧れ――。ほかの人に対してだったら「べつに、ふつうじゃなくてもいいじゃない」と軽くいうところですが、これだけ「ふつう」から遠いところで生きてきた祐実さんに、返す言葉は見つかりませんでした。

＊結婚のハードルを超えて

最初に話を聞かせてもらったとき、祐実さんはパートナーとの結婚について悩んでいました。出産の年齢リミットを考えると「そろそろ」と思う気持ちもあるものの、結婚となると彼女の母親の病気について相手やその親にも伝えねばなりません。どんな反応をされるかと思うと不安だったのです。

しかし数か月後に再び連絡をとったところ、彼女はすでに結婚していました。しばらく前に彼の父親が亡くなって、その妻（彼の母親）も施設に入ることになったため、式を挙げる必要がなくなり、急に結婚のハードルが下がったのです。

ふたりの新居となるマンションを購入してくれたのは、祐実さんの父親でした。

「私への罪悪感はあったんでしょうね。マンションを買って『責任を果たした』と思っているみたいです（苦笑）」

結婚して、祐実さんは「初めて自由になった感じ」がするといいます。

「最近ふと、これは私だけの身体で、私だけの時間なんだってことを実感したんです。仕事を得て、結婚もして、もう父に面倒をみてもらう必要もなく、母親の戸籍からもはずれた。初めて気持ちが、すごく楽になりました。

だからいま苦しんでいる子たちには、『どうにでもなるよ』と伝えたいです。いま私は幸せだよ、昔はすっごい苦しかったけれど、こういう例もあるんだよ、と。

母親を捨てた罪悪感みたいなものはずっと残るけれど、それはもう覚悟を決めています。そうしなければ、いまごろ私は幸せをつかんでいないし、私はいまの幸せをつかむために母親を見捨てました。どこかで腹を括らないと、どうしようもないんです」

1年ぶりに会った彼女は、以前よりも少し力の抜けた、穏やかな表情をしていました。

＊＊＊＊

依存症の父親を見守ってきた武井昌史さんと、幼い頃に病気の母親と生活してきた石崎祐実さん。とくに、ほかに家族がいなかった祐実さんの話を聞くと、こういった状況の子どもには社会のサポートがもっともっと必要だと感じます。しかし家族が複数いたとしても、負担が大きければ離散・崩壊するわけですから、サポートは遍く必要でしょう。

子どもが置かれた状況としてはネグレクトと近いところがありますが、より外部の助けが届きづらい面もあるかもしれません。あるいは見方を変えると、虐待やネグレクトと括られているケースのなかにも、親がなんらかの精神疾患を抱えているケースは多いであろうことにも気付かされ、両者の間に明確な線を引くことの難しさも感じます。

大人になっても、彼女、彼らの苦労は続きます。昌史さんも祐実さんも、結婚についてかなり悩んだ経験がありました。婚姻となるとどうしても相手やその親、親せきに自分の親を会わせる場面が出てくるため、躊躇せざるを得ないようです。実際、昌史さんはそのために、付き合っていた女性と別れてしまったこともありました。

このふたりだけではありません。以前一度、統合失調症の親をもつ人たちの当事者会（「ひとりやないで！」）に参加させてもらったとき、印象深い場面がありました。参加者のひとりが「結婚相手やその親に、病気の親を紹介できない」という悩みを話したとき、十数人の参加者ほぼ全員が激しく同意したため、「うんうんうんうん」という低い唸り音が部屋に充満したのです（聞いたことがない音でした）。

そこまでみんな、結婚について悩んでいるのか……と、体感させられた瞬間でした。

ただし一方では、思い切って結婚に踏み切った人たちもいます。祐実さんも初めて取材をしたときは、まさに結婚を悩んでいましたが、数か月後に連絡をしたときはすでに結婚していました。一時は連絡がとれなくなって心配しましたが、新婚旅行に行っていたことがわかり、うれしい脱力をしたものです。

彼女の場合、相手の親の一方が亡くなり、他方が施設に入ったことで、精神疾患を患う母親を紹介する必要性が薄れ、前に進めたようです。

ほかにも、病気の親を相手の親に会わせないことをあらかじめ決めて結婚している人は、ときどきいます。

残念なことではありますが、偏見にとらわれた人たちも、世の中にはまだたくさんいます。偏見をなくす努力ももちろんだいじですが（この本もそのためのものです）、自分の人生を生きるためには、必ずしもすべての人々の理解を得る必要はないと割り切って回避することも、ときに必要だと思えます。

第3章

親と血縁がない

取材の時期……Case6 2017年10月
Case7 2019年7月
Case8 2019年6月

親子や家族というのは血縁があるもの、と一般に思われています。「お母さん、お父さん、血のつながった子ども」という組み合わせが「ふつうの」「正しい」家族であり、血縁のない家族は「おかしい」「かわいそう」といった印象をもたれがちです。

でもじつは、血縁のない家族はよくあります。夫婦はみんな赤の他人同士ですし、養子や里子、継子など血のつながりがない親子だって、昔から珍しくありません。

それに、血縁がなくても、実の親子と同様に、あるいはそれよりもっと尊い関係を築くケースもあれば、逆に〝残念な親〟にあたって苦しむ子どももいます。それはある意味、血のつながった親子も同じです。

そもそも、血がつながっていようがいまいが子どもは親を選べないので、その意味では子どもがどんな親にあたるかは、血縁とは別問題だともいえるでしょう。

ただし、親と血縁がないことを「人生の途中で」知った人が大変な衝撃を受けることは、ほぼ間違いありません。少なくとも私がこれまで会った当事者は全員、「ものすごいショックだった」と話します。

事実を知った後の反応は、それぞれ異なります。育ての親を信頼できなくなり、関係に亀裂が生じてしまった人もいれば、逆に育ての親への感謝が増したという人もいる。血縁の親を全力で探す人もいれば、知りたい気持ちはあっても探すのを途中であきらめる人もいる。そういった違いがどこから生じるのか、というのも興味深い点です。

この章に登場するのは、人生の途中で親と血縁がないことを知った人たちです。

一人目は、学生時代に自分がＡＩＤ（提供精子による人工授精）で生まれたことを知った石塚幸子さん、二人目は46歳のときに産院で取り違えられたことを知った江蔵智さん、三人目は養子だったことを一年前に親から告げられた長谷部さちこさん（活動名）です。

三人の話からは、血縁の有無にかかわらず、子どもが自分の人生を生きるために周囲の大人ができることについて、大事なヒントが見つかる気がします。

Case 6

ＡＩＤ（提供精子を用いた人工授精）親が隠すことの意味

ＡＩＤ、と聞いて何のことかすぐにわかる人は少ないでしょう。これは生殖補助技術、つまり不妊治療の一種で、夫ではない男性の精子を用いた人工授精のことです（artificial insemination with donor's semen の略。日本語では「提供精子を用いた人工授精」「非配偶者間人工授精」などと呼ばれる）。不妊の原因が夫側にある夫婦や、独身女性、レズビアンカップルなどが子どもをもとうとするとき、この方法を選ぶことがあります。

日本では戦後まもない１９４８年に初めて、慶應義塾大学病院で実施されました。これまで国内でＡＩＤによって生まれた子どもの数は、推計で1～2万人とされていますが、正確な数は、国も日本産科婦人科学会も、把握できていないようです。

用いられる精子は、親族や知人に提供してもらうケースや、学生ボランティアに提供してもらうケースが昔からあるほか、最近では海外の精子バンクや、国内の個人ボランティア等から提供を受ける例も増えています。

日本ではＡＩＤは「隠すべきこと」のように扱われてきました。この国では血縁の親子こそが「ふつうの家族」であり「正しい家族」だと思われているため、「親子の血がつながっていないことは隠したい」と思われやすいのかもしれません。あるいは不妊の原因が男性側にあることを恥と感じる価値観も、背景にあるでしょうか。

これまで日本で行われてきたＡＩＤは精子提供者がほぼ匿名であり、生まれてきた子どもたちは、育ての父＝血縁の父と信じているケースがほとんどでした。

日本は諸外国に比べ、生殖補助技術に関する法整備も大変遅れています。ＡＩＤで生まれた子どもと親の関係を明確に定める法律もいまだになく、子どもが遺伝的な父親を知る権利についても、ほとんど考慮されてきませんでした。

＊父の病を機に知らされた

今回お話を聞かせてもらった石塚幸子さんは、ＡＩＤで生まれた30代の女性です。彼女のように自らがＡＩＤによって生まれたことを知っており、且つそれを実名で公表している人は、現状日本に少数しかおらず、彼女の発言は広く注目を集めてきました。

彼女はＡＩＤなど生殖補助技術に懐疑的な立場のため、しばしばＡＩＤを求める人たちから攻撃を受けてきたといいます。特に気が強いわけでもないのに、叩かれては傷つきながら、それでも自らの考えを貫いてきた彼女に私は妙に共感し、以前からときどき話を聞かせてもらってきました。

幸子さんは自分がＡＩＤで生まれた事実を知ったとき、「これまでの人生が覆されるような衝撃」を受けたといいます。

「聞いたのは、いまから十数年前、23歳のときです。父親が遺伝性の難病を発症したので、私にも遺伝している可能性があるかもしれないと思って調べていたとき、母から『実は、お父さんとは血がつながっていない』といわれて。

最初は病気の遺伝がないことにほっとしたんですが、仲の良かった母親が、そんな重要なことで私に嘘をついていた、というのがものすごくショックでした。たぶん、父親の病気のことがなければ一生いわずに済ませていたはずです。それでいいと思っていることが一番許せなかったというか」

人生の途中で、それまで親だと思っていた人と血縁がないと突然知るのは、どんな気持ちになるものか。とても想像しきれないところがあります。経験者からよく聞くのは「人生の土台が崩れるような」という表現です。「自分はこういう人間だと思っていた根っこが消えてしまうような感覚」、「これまでの人生が嘘の上に成り立っていたように感じられる」といった言葉も聞きます。

幼少期から聞かされていれば「そういうものか」と思い、比較的事実を受け入れやすいようですが、ある程度の年齢になってから出自にかかわる真実を知った人は、みな激しく動揺し、親子の信頼関係が崩壊するケースもまま見られます。

幸子さんも事実を知ったときは、大変な衝撃を受けました。当時は大学院に通っていたのですが、通学中などひとりになると涙が止まらず、「これで一生分の涙は使っちゃったかも」と思うくらい泣いたそう。

「家では、母が『その話題に触れてくれるな』という空気を発しているので触れられない。しかも隠そうとすることから、母親がこの技術を後ろめたく思っていることが、伝わってくるわけです。『母が隠したいと思っているようなやり方で、自分が生まれてしまった』ということが嫌だったし、悲しかったですね」

これは、離婚家庭の子どもが「親から『かわいそうな子』扱いされるのが嫌だった」という話と、少し似ているかもしれません。

子どもは自分の意思で育つ環境を選べません。それを選べるのは親です。ですから、もしその環境を「かわいそう」だと思うなら、そんな状況に子を置くべきではありませんし、もし「かわいそう」と思いながら、敢えてその環境に子を置くなら、それはある種の虐待のようなものではないでしょうか。

幸子さんの母親も、後ろめたいと感じるなら、なぜその方法を選んだのか。逆にいえば、その方法を選ぶと決めたなら、後ろめたく考えず、ポジティブに捉えることはできなかったのか。幸子さんの立場からすれば、納得しがたいことでした。

「もっとあっけらかんと『私が産みたかったから、ＡＩＤで産んだのよ』っていってくれたらよかったですよね。隠すのではなくて、嘘でもいいから『あなたを欲しかったから、産んだのよ』というべきだったのではないかな、と思います。ＡＩＤで子どもをもったレズビアンカップルを見ていると、そういう雰囲気を感じるんですけれど。同性カップルは、ＡＩＤを隠しようがないですからね」

＊生殖補助技術で生まれた苦悩

家を出るきっかけとなったのは、母親のあるひと言でした。幸子さんが事実を知って泣き暮らしていたとき、「なんで、そんなに悩む必要があるの？」と聞かれたのです。つらさを理解してもらえないばかりか、「悩むことすら許されないのか」と感じ、苦しさが限界に達したのでした。

ひとり暮らしを始めてからは、大学院もやめ、ＡＩＤに関することを調べ続けていたところ、数年前から厚生労働省で、生殖補助技術に関する審議が行われてきたことを知りました（「生殖補助医療技術に関する専門委員会」１９９８〜２０００年）。

「当時は議事録が公開されていたので読んでみたら、驚くような内容でした。委員の人た

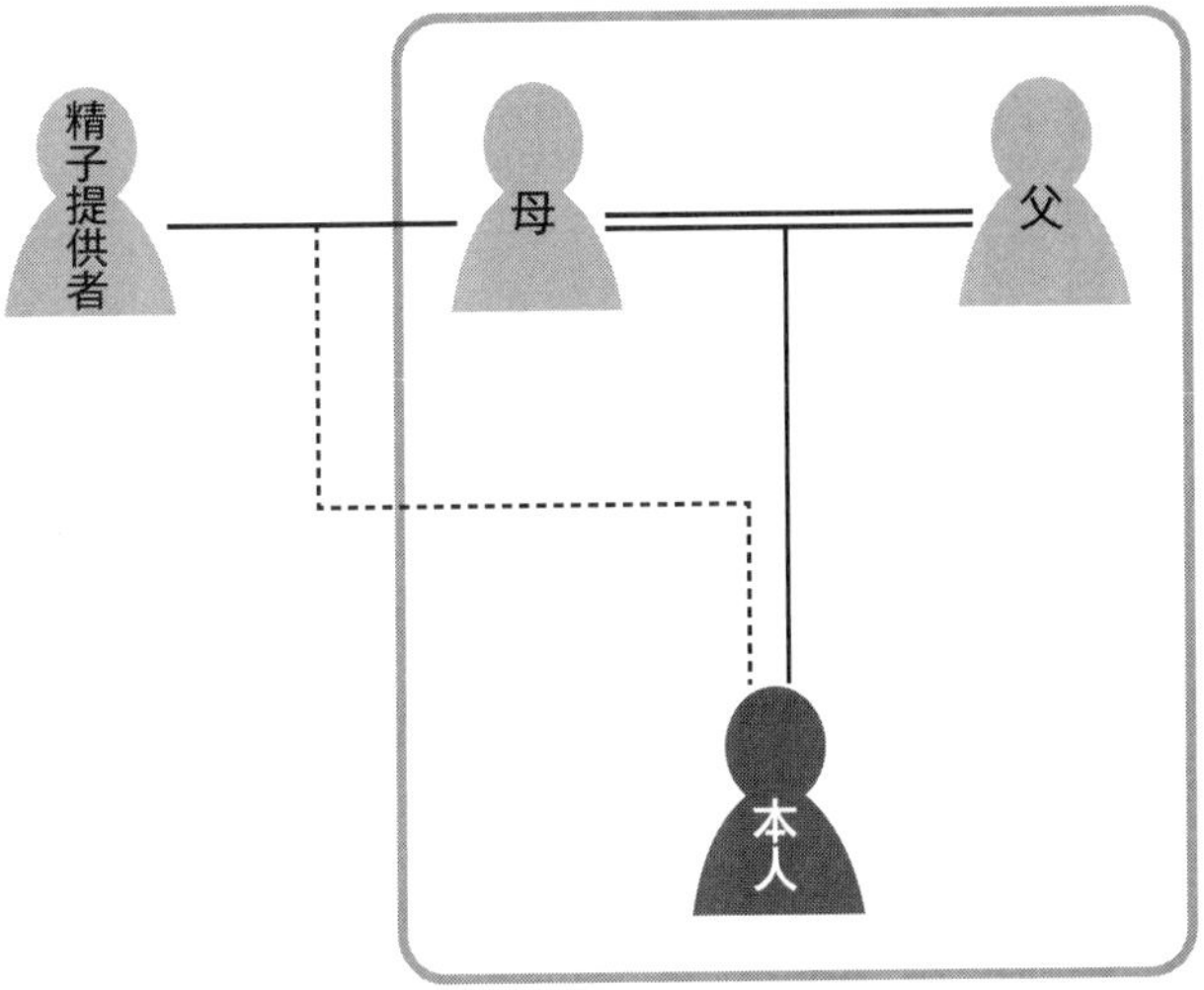

ちは誰も、生殖補助技術によって生まれた子どもについて調査も把握もしていない。それなのに産婦人科の医者が『子どもには秘密にしているが、それでうまくいっている』みたいなことを平気で話して、みんなそれを信じている。

『この人たち、何をいっているんだろう?』と思いました。私はいまこんなに苦しいし、うちの家族も大変な状況にある。それはやっぱり、医療のあり方に問題があると思ったんです。医者は『患者が妊娠して子どもが生まれれば成功』みたいに思っているけれど、それは違うだろうと。子どもが生まれた後のことまで考えて、かかわった医者がちゃんとサポートしてくれていたら、うちの状況ももっと違ったんじゃないかと、当時はすごく思いました」

＊親に怒っていい

その後、幸子さんは新聞の取材を受け、自らの経験や思いを話す機会を得ました。するとこの記事を通じて別のＡＩＤ当事者と会うことができ、それが彼女にとって、ひとつの大きな転機になったといいます。

「連絡をくれたのは私より年上の男性で、彼もとても怒っていたんです。怒鳴るとかそういうことではないんですけれど、親にだまされていたことや、提供者がわからないことに、すごく怒りの雰囲気を発していた。それを見てようやく『あぁ、私も怒っていいんだ』と思えました。

その人の紹介で、ある小児精神科の先生と出会えたことも大きかったです。その先生は私の話を聞いて『あなたは親に対して怒っていいし、文句をいっていい』といってくれて。やっと悩むことを許された気がして、号泣した覚えがあります。

それまでは、怒るとか悲しいとか、親に対してマイナスの感情をもつことがいけないと思っていました。母親はＡＩＤのことで私が悩むのを嫌がっていたし、いろんな人から『あなたは望まれて生まれたはずだ』とか『育ててもらったことを、もっと感謝しろ』とか、〝親の立場に立った善きこと〟ばかりいわれていたので」

いわゆる「ふつうの親子関係」にある人には気付かれにくいことですが、この社会には「子どもは親に対して、つねに感謝しなければいけない」という無言の圧力のようなものが強く存在しています。これは口封じのようなもので、子どもの苦しみをより増すところがあります。

幸子さんももちろん親に感謝の気持ちは抱きながらも、どうしても許しがたい部分もあったわけです。しかしその親へのネガティブな感情を表出することは、この社会で不道徳なこととされているため、特にこれまで「まあまあ優等生で生きてきた」彼女にとって、「親に怒っていい」と自分に許すのは大変なことだったのでした。

＊精子提供者を知る意味

ＡＩＤにおいては「出自を知る権利」についても問題になります。出自を知る権利というのは、子どもが自らの遺伝的ルーツを知る権利のこと。ＡＩＤの場合には、精子提供者（の情報）を知ることを意味します。

子どもの権利条約の第七条には「児童は、（中略）できる限りその父母を知りかつその父母によって養育される権利を有する」とうたわれています。しかし実際のところ、「出自を知る権利」は日本では現状さっぱり浸透していません。ＡＩＤだけでなく、養子などについても「子どもには事実を隠し、育ての親を血縁の親と思わせておくのがいい」とする古い考えが、まだ根強く残っています。

幸子さん本人は、精子提供者を知ることにはそれほど熱意がないといいますが、それでも「一度は会ってみたい」といいます。

「私は『母親と精子で自分が生まれている』というのが、すごく不安定な感じがして嫌なんです。モノとしての精子ではなく、ちゃんと『人』が介在していた、ということを実感させてほしい。だから一度会わせてほしい、みたいな感じです。

ただ、私はほかの当事者と比べると、そんなに『提供者を知りたい』という情熱はないかもしれません。一時期は探していたんですけれど、あるとき『どんな人かわからない』ということに気付いてしまって。それから怖くなって、探すのをやめてしまいました」

病院だってそういい加減に提供者を選ばなかったでしょうから、そこまで心配はいらない気はします。

でも確かに、提供者が必ずしも「会ってよかった」と感じる人物とは限りませんから、知らずにおきたい気持ちも理解はできます。

それにもし提供者を探すとしても、手掛かりは多くありません。最近は〝オープンドナー〟といって、生まれてきた子どもが望んだ場合には、個人情報を開示する提供者もいますが、かつてそのような提供者は皆無でした。そもそも幸子さんのようにＡＩＤで生まれたことを親から聞いていなければ、たとえ提供者がオープンドナーであっても、提供者を探すことすらできません。

残念なことに、日本産科婦人科学会はいまでも「精子提供者のプライバシー保護のため精子提供者は匿名とする（ただし記録は保存）」という見解を出しています（２０１９年11月現在）。国においても「出自を知る権利」を守る法整備の動きはなく、ＡＩＤで生まれた子どもの権利は放りだされたままです。

なお慶應義塾大学病院は近年、精子提供者を募る際、将来的に提供者の情報が開示されて扶養義務が発生する可能性を伝え始めたところ提供者を確保できなくなり、ＡＩＤの初診受付を休止しているということです（２０１９年11月現在）。

＊生まれた子も不妊治療の当事者

生殖補助技術だけがどんどん進んでいくいまの状況について、幸子さんは「方向が間違っている」と感じています。

「女性たちが感じる不妊のつらさって、本当は社会的なつらさが大きいと思うんです。母が私を生んだ30～40年前は、男性側にも不妊の原因があることもほとんど知られていなかったし、いまよりもずっと『子どもが産めないこと＝女の責任』とされていました。『家を守る』という意識もまだ強かった時代ですから、長男の嫁だった母は、子どもができないことで相当肩身の狭い思いをしたのではないかと思います。だから母が私にＡＩＤのことを教えなかったのも仕方ないのかな、と思うところもなくはありません。

でも、だからといってＡＩＤで子どもを産んでも、子どもをもてない女性たちが抱える根本的なつらさは解消されないと思うんですよ。不妊という社会的なつらさを、ＡＩＤという〝医療〟によって解決しようとするのが、おかしいと思う。生殖技術が〝ふつうの家族〟をつくるために使われているような気がします」

つまり、こういうことでしょうか。いまの社会では「両親と血のつながった子ども」こそが「ふつうの家族」と認識されており、人々はその「ふつうの家族」を実現するための手段として、ＡＩＤを選んでいる場合が少なからずあるのではないかということ。もちろん、純粋に子どもを望んでＡＩＤを選択する人もいるでしょうが、なかには自分の意思より、周囲の「家族はこうあるべき」という空気を受けて、ＡＩＤを使っている人も多いのではないかということ。これはたしかに、考えなければいけない指摘です。

「だから本当は、生殖補助技術を進めるよりも、社会を変えることのほうが必要だと思うんです。いまは『子どもがいないとダメ』と感じさせる社会の価値観に合わせるために、医療でサポートする、みたいなことになっていますが、本当はこの息苦しい社会を変えるほうにエネルギーを注いだほうがいい。

社会全体で、そういうことを一回ちゃんと議論すべきだと思うんです。家族ってどういうものなのか？　血縁なのか、そうじゃないなら何なのか？　シングルや同性カップルはどうか？　とかね。

それでもし『親子の形は血縁だけじゃない』みたいな方向性をみんなで共有するんだったら、ちゃんと生殖補助技術に関する法律もつくればいいし、いっそ国が本腰を入れて精子バンクをつくるくらいしたほうがいい。根本的な議論を避けて、目先の技術の選択肢だけ広げようとしている現状が、よくないと思うんです」

みんなで一度ちゃんと議論しよう、ということ。「賛否が分かれる話だから」といって是非を保留にしたまま技術だけを拡散させるのではなく、「家族とは何か」をみんなで話し合い、技術の運用ルールを作っていくこと。

そうやって問題の根本から考えない限り、ＡＩＤで生まれてくる子どもたちをはじめ、不妊治療の当事者全員が本当の意味で幸せにはなれないだろうと彼女は感じているのではないでしょうか。

みんながハッピーな形を願うからこそ、彼女は批判にさらされながらも、発言を続けてきたのだと思うのです。

〈参考〉

＊『ＡＩＤで生まれるということ　精子提供で生まれた子どもたちの声』非配偶者間人工授精で生まれた人の自助グループ（ＤＯＧ）・長沖暁子 編著（萬書房）

Case 7

46歳で「産院取り違え」発覚
実親を探し続ける

『家なき子』や『母をたずねて三千里』など、「親探し」を題材としたアニメ作品は昔からたくさんあります。私が子どもの頃よく見ていたNHKの人形劇『プリンプリン物語』も、主人公がお母さんを探して旅をするというストーリーでした。

人はなぜ、己れの出自を知りたいと思うのか？　理由を説明しようとするととても難しいのですが、自分はどんな親の遺伝子を受け継ぎ、どのような経緯でこの世に生まれてきたのか知りたいという欲求は、程度の差こそあれ、人間にもともと備わったものではないでしょうか。

私も20代のとき、「血縁の親」ではありませんが、それまで知らなかった「血縁の祖母」の存在を知り、会いに行った経験があるので、自分のルーツを知ることは人が生まれもった権利であることに、確信のようなものがあります。

たいがいの人は血縁の親に育てられるため、あまり出自を意識することはないですが、世の中にはときどき、自分を育てた親と血縁がないことを人生の途中で知る人たちがいます。しかも稀ではありますが、育てた親のほうも、子どもと血縁がないことを知らないこともあります。

なぜそんな奇妙なことが起き得るのか。「産院における赤ん坊の取り違え」が原因です。滅多にない話と思われていますが、自宅出産から病院や助産院での出産へと移行が進んだ昭和の一時期、じつはあまり珍しいことではなかったようです。

1958年4月、東京都立墨田産院で生まれた江蔵智さんは、46歳のときにDNA鑑定を受け、自身が「取り違えられた子ども」であることを知りました。いまも血縁の親に会いたいと願い続ける彼に、これまでの人生や、出自を知りたいと思う気持ちについて、聞かせてもらいました。

＊中2で家を飛び出した

小さい頃から、親せき一同が集まったときなどには「おまえは誰にも似ていないね」といわれてきました。母親の目、鼻、口もと、父親のそれらを順ぐりに眺め、「確かに似ていない」と自分でも感じてきたそう。

性格も、父親とは正反対でした。智さんは「わんぱくで、キャッキャキャッキャとよくしゃべる子」でしたが、父親はお酒を飲まないとしゃべれないタイプです。反りが合わず、「顔が変形するほど殴られた」ことが何度もありますが、弟は一度もたたかれることがなかったそう。笑うところや怒るところの感覚も、ものごとの考え方も、家族のなかで自分ひとりだけ違うことを感じてきました。

「この家にはいられない」という思いが高まり、家を出たのが中学2年のときです。いまから半世紀近く前とはいえ、周囲に14歳で家を出るような子どもはいませんでした。以来、焼き肉屋で調理師の見習いをしたり、クリーニング屋で手伝いをしたり、年齢をごまかして住み込みで働きながら中学に通い、ほかの生徒よりも数か月遅れで卒業証書を受け取ったといいます。

親と血縁がないことなど、当時は夢にも思いませんでした。39歳のときに母親の血液型がわかったときも同様です。智さんはA型、父親はO型ですから、母親がB型というのは「おかしい」と思ったものの、この頃ちょうど新聞で血液型の特殊な遺伝が報じられたため、「自分もそれに違いない」といい聞かせていたのでした。

＊ＤＮＡ鑑定で事実が判明

事実がわかったのは２００４年、智さんが46歳のときでした。体調が悪く、病院で検査を受けた際に血液型のことを伝えたところ、担当医が関心をもち、ある大学の研究者を紹介してくれたのです。そこでＤＮＡ鑑定を受けた結果、智さんと両親の間には血縁が存在しないことが判明し、「産院での取り違えしか考えられない」という結論に至りました。

「聞いた瞬間、頭の中は真っ白ですよね。怒りと、悔しさと。そして14歳の頃を思い出しました。なぜ、私が中学2年で家を飛び出さなければならなかったのか。

もちろんどこの家庭でも親子で気が合わないことはあるだろうし、反抗期が重なったせいもあるとは思いますが、でもやはり『血筋が違う者に育てられて、互いに相手のいっているとことを理解できなかったから』という面もあったと思います。

育ててくれた両親には感謝していますが、やっぱり自分の思っていることを理解してくれる親に育てられたかった」

智さんも指摘している通り、血縁があっても仲の悪い親子もいますし、逆に血縁がなくても良い関係を築く親子はいます。ですからもちろん、血縁「だけ」が原因ではないでしょう。それでも智さんの場合、もし血のつながった、性格やものの感じ方が似た親に育て

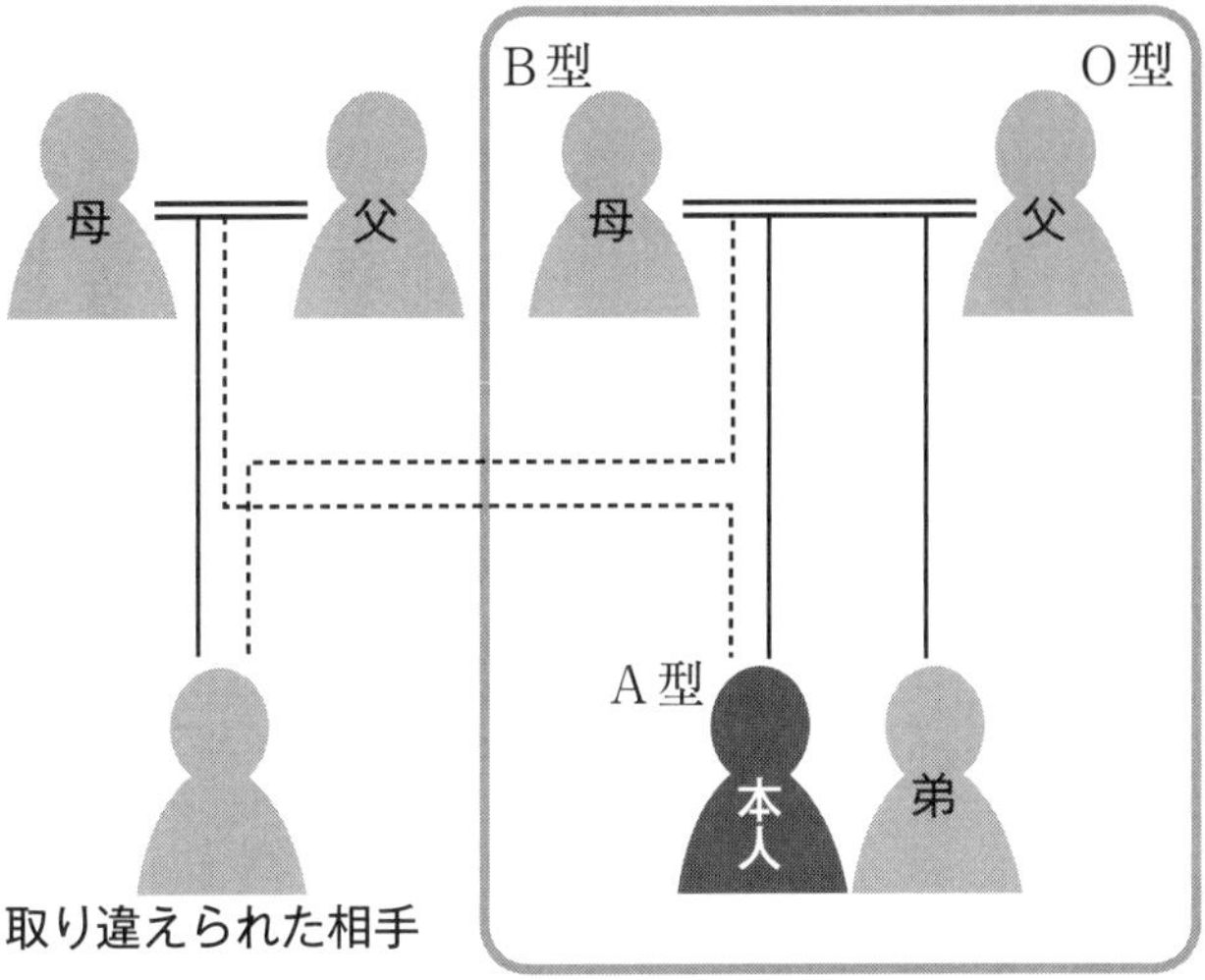

られていたら、家を出ずに済んだ可能性は高いように思えます。

血縁がないとわかれば、育ての親とは縁が切れてもおかしくなさそうですが、智さんの場合は逆でした。久しぶりに顔を合わせた両親がすっかり年老いているのを見て、「家を飛び出すまでの14年間育ててもらったことは事実なので、これから14年は自分が親の面倒をみよう」と決めたのだそう。父親は3年前に他界しましたが、いまも認知症になった母親と一緒に暮らしているということです。

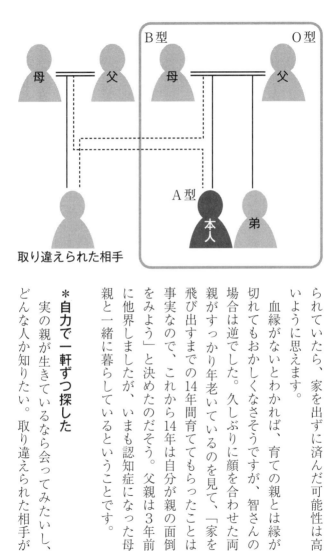

＊自力で一軒ずつ探した

実の親が生きているなら会ってみたいし、どんな人か知りたい。取り違えられた相手がどんな環境で育てられてきたか、話を聞いてみたい――。取り違えを知った瞬間から、智さんはそう強く願ってきました。そこで彼は、産院を経営していた東京都に対し、取り違えの相手を探すよう求めます。

しかし彼が生まれた墨田産院はこのときすでに閉鎖しており、都は「当時の資料が残っていないのでわからない」というのみでした。そこで彼はやむなく、墨田区の住民基本台帳から「昭和33年4月生まれ」の人を抽出して、一軒一軒訪ねて回ることにします。

住民基本台帳はコピー不可で、携帯で写真を撮ることも許されませんでした。そのため該当者を手書きでメモするしかなく、大変な作業となったそう。閲覧は「30分ごとにいくら」と決められており、費用もかかります。何十回も通い詰めて手書き複写を繰り返し、約80人の該当者を拾い出したといいます。

当時智さんは福岡県に住んでいたため、該当者を訪問できるのは週末のみでした。毎回レンタカーを借りると高くつくため、安いナビ付の車を買って、該当する家を一軒一軒回ったのですが、残念ながらその中に、血縁の親と思しき人はなかったそう。

もしかすると、実の両親は別の区の住民だった可能性もあります。そこで次は、隣接区の住民基本台帳を見ようと思ったのですが、あいにくこのときはもう、個人情報保護の観点から台帳の閲覧ができなくなっていました。

当時、両親には気を遣ったといいます。彼らの前で実親を必死に探すのは「失礼なこと」のように感じられたからです。離婚家庭の子どもが、離別親に会いたいと思っても同居親にいいづらいと感じるのと同じような気持ちでしょうか。

なお父親や弟は、取り違えられてよその家にいった息子、兄を探すことに、ほとんど関心を示さなかったといいます。母親は「顔ぐらいは見たいよね」といいましたが、父や弟は「いまさら会ってどうするのか」という反応だったそう。

智さんは実親探しと並行して、都に対し裁判を起こしました。一審の地方裁判所では時効とされ、控訴して高裁に進んだところ、今度は損害賠償が支払われましたが、親探しについては進展がありませんでした。もし都が上告して最高裁に進めば、実親を探すことを再び求めたかったのですが、上告がなくそのまま終わってしまったということです。

＊血縁の親を知れないつらさ

智さんはその後も東京都に対し、区が保管する戸籍受附帳の情報をもとに取り違えられた相手を探すよう繰り返し求めましたが、都は応じてくれなかったそう。私も東京都に理由を問い合わせたところ「区に対して、住民の個人情報を請求する法的根拠がないため」ということでした。個人情報を守るのは、もちろんとても大切なことです。しかし、この件については明らかに都の産院による過失であり、ひとりの人間の人生を決定的に変えた重大な事件です。都や区で然るべき措置をとって、個人情報の扱いについて、例外を認めることはできなかったものでしょうか。

もし見つかった場合は、相手も事実を知ってショックは受けるでしょう。でもだからといって、智さんや相手が真実を知らないままでいいとはいえないはずです。

「戸籍法には『間違いを知ったら訂正をしなければいけない』といったことが書かれています。それで僕が戸籍の訂正のために必要な情報を求めても、役所は個人情報の保護を優先して応じない。個人情報という言葉を都合よく使っているように見えます」

なお、もしかすると、現在わかっているほかにも取り違えは多数起きていたのかもしれないと、智さんは考えています。

「僕が生まれた墨田産院は、閉業した1988年に冊子（『東京都立墨田産院36年の歴史』）を出しています。これに開業から36年間の、毎月の分娩数が載っているんですが、僕が生まれた頃の分だけ数字がないんです」

私も国立国会図書館で現物をあたってみたところ、掲載された「分娩件数」の表のうち、たしかに昭和33年の2~7月の欄だけ、数字がぽっかりと抜けていました。欄外の注には「S33年は台帳及びカルテ(7枚のみ)紛失のため、記録不備となっている」(原文ママ)と書かれています。前後の年の同じ時期の分娩件数から推計すると、半年で少なくとも500人分のカルテがないことになりますが、500というのはすごい数です。

「おそらくこの頃、産院はめちゃくちゃな状態だったのでしょう。母親に聞くと、出産したのは4月でまだ涼しかったのに、産院のなかは『とにかく臭かった』といいますから、当時の混乱ぶりがうかがえます」

たしかにこれでは、取り違えが一件のみと考えるのは無理があるように思えます。智さんと取り違えられた相手も、1人とは限りません。同時に複数の新生児が取り違えられた可能性も考えられます。

*親せきのような感覚で会えたら

他の産院でも、過去にいくつかの取り違え事件が判明しています。智さんはそれらの取り違え当事者とも交流しているのですが、なかにはきょうだいと会うことができ、いまも親交を深めている人もいるそうです。智さんはこの仲間を「うらやましい」と話します。「取り違えについて『知らないほうがよかった』と思ったことは、一度もありません。もしもっと早くわかっていれば、もう少し手掛かりも得やすかったでしょう。（見つかった親が）最悪なケースも考えられますが、僕はそれでもいいから会いたい。

実の親にも、僕と取り違えられた相手にも、『親せきがひとり増えた』くらいの感じで、お会いできたらいいんですけれどね」

もし血縁の親がわかったら、彼らの病歴や体質も知りたいと智さんは考えています。DNA鑑定を受ける前から原因不明の体調不良があり、遺伝的な問題も考えられるからです。もし両親が生きていれば、すでにかなりの高齢のはずです。智さんは、実の親やきょうだいに、会うことができるのでしょうか。

Case 8 結婚時に「養子」と告げられた血縁不在のもどかしさ

血縁のない親子として、昔からよくある形のひとつが、「養子」を迎えるケースです。

数としては少なくないはずなのに、養子となった当事者の声はあまり聞こえてきません。どこに行けば会えるのかな？　と思っていたところ、ちょうど連絡をくれたのが、今回話を聞かせてもらった長谷部さちこさんでした。30代の彼女は、昨年結婚が決まった際に親から「養子だった」と聞き、「青天の霹靂という感じ」だったといいます。

これまでを振り返って自身を「かわいそうだったとは思わない」という彼女に会いに、小雨の降る休日の朝、東北のある町へと向かいました。落ち合ったのは、駅前のホテルにある静かなカフェです。開店したばかりでフロアは静まり返っていましたが、彼女が現れると急に、テーブルの周囲が明るく活気付いたような気がしました。

＊言われて納得する部分も

先に簡単に説明しておくと、養子縁組というのは、血縁と関係なく法的に親子関係を生じさせる制度のことです。「普通養子縁組」と「特別養子縁組」の二種類があるのですが、さちこさんは後者の「特別養子」のほうでした。

普通養子縁組は生みの親との親子関係が残るのに対し、特別養子縁組は生みの親との関係がなくなります。

特別養子縁組は、子どもの年齢が6歳未満に限って認められてきましたが、２０１９年6月、年齢を「15歳未満」に引き上げる法律が成立しました。

現在、特別養子縁組の成立件数は年間５００件ほどです。これは10年前の2倍近い数字ですが、今後も増えていくことが予想されています。

彼女の子ども時代は、とても「ふつう」だったといいます。

「私が家に入ったのは、2歳8か月のときです。父、母、私の3人暮らしで、何も知らず、本当に〝ふつうの子ども〟という感じで育ってきました」

彼女が養子であることを知ったのは、1年ほど前でした。結婚前、両親が娘夫婦の新居を見たいといって彼女の住む町に出てきたとき、「話がある」といわれ宿泊先のホテルに呼ばれたのです。

「夫と付き合っていることもあまり話していなかったので、『もうちょっと考えなさい』とか、何か小言をいわれるのかと思ったんですよ。そうしたら『実は養子だった』という話で、もうびっくりです。青天の霹靂という感じですよね。でも、そういわれて納得する部分もあったといえばありました」

たとえば、親は直毛なのに、自分だけ癖毛であること。子どもの頃、「どうして私だけ癖毛なの？」と尋ねると、「（当時あまり会う機会がなかった）父方のおばあちゃんがそうなんだよ」といわれて納得したものの、「晩年のおばあちゃんに会ったら、きれいなストレートヘアだった」ため、疑問が残っていました。

それから、周囲の子たちと比べて母親の年齢が高かったこと。授業参観のときなど「母だけみんなのお母さんより年齢が上」であることを感じていました。計算では母親が30代半ばで彼女を出産したことになります。いまでこそ珍しくないですが、当時、周囲には多くありませんでした。

血液型の検査をしたのも、ものごころがついてからだったので、「なんでいま検査するんだろう？」と思いましたが、出生時の記録がなかったのであれば、なるほどと思えます。ほかにも思い返してみると「私が養子だったからなのか」と腑に落ちることは、いろいろとありました。

両親はなぜこのタイミングで、養子であることを彼女に告げたのか。それは、戸籍謄本を見れば、さちこさんが養子縁組をしていることがわかるからでした。本籍地ではない場所で婚姻届を出す場合には、戸籍謄本が必要になります。

普通養子縁組の場合、戸籍の続柄は「養子」と記載されるのに対し、特別養子縁組は「長女」「次男」などの表記になるので、養子とわからないのかと思っていましたが、実はそうではないのだそう。特別養子縁組は、戸籍謄本に「民法817条の2による裁判確定日」として、縁組が成立した日付等が記載されるのです。

＊それでも知ってよかった

先に紹介したＡＩＤで生まれた石塚幸子さんや、産院で取り違えられた江蔵智さんのように、大人になってから「親と血縁関係がない」と知った人のなかには、怒りや悲しみを覚えたという人も少なくありません。でもさちこさんは、比較的ポジティブな感情を抱いたようです。

「私に養子だということを悟られないよう30年間育ててきて、本当にすごいなと思いました。反抗期にすごいいい合いをしたときなんか、『血のつながってない子なのに』とか、ぽろっといっちゃってもおかしくないじゃないですか。そういうことを思うと、もう頭が上がらない気持ちになって。

ただ、やっぱりショックではありました。私はあのふたりを父と母だと思っていて、自分はふたりの子どもだと思っている。

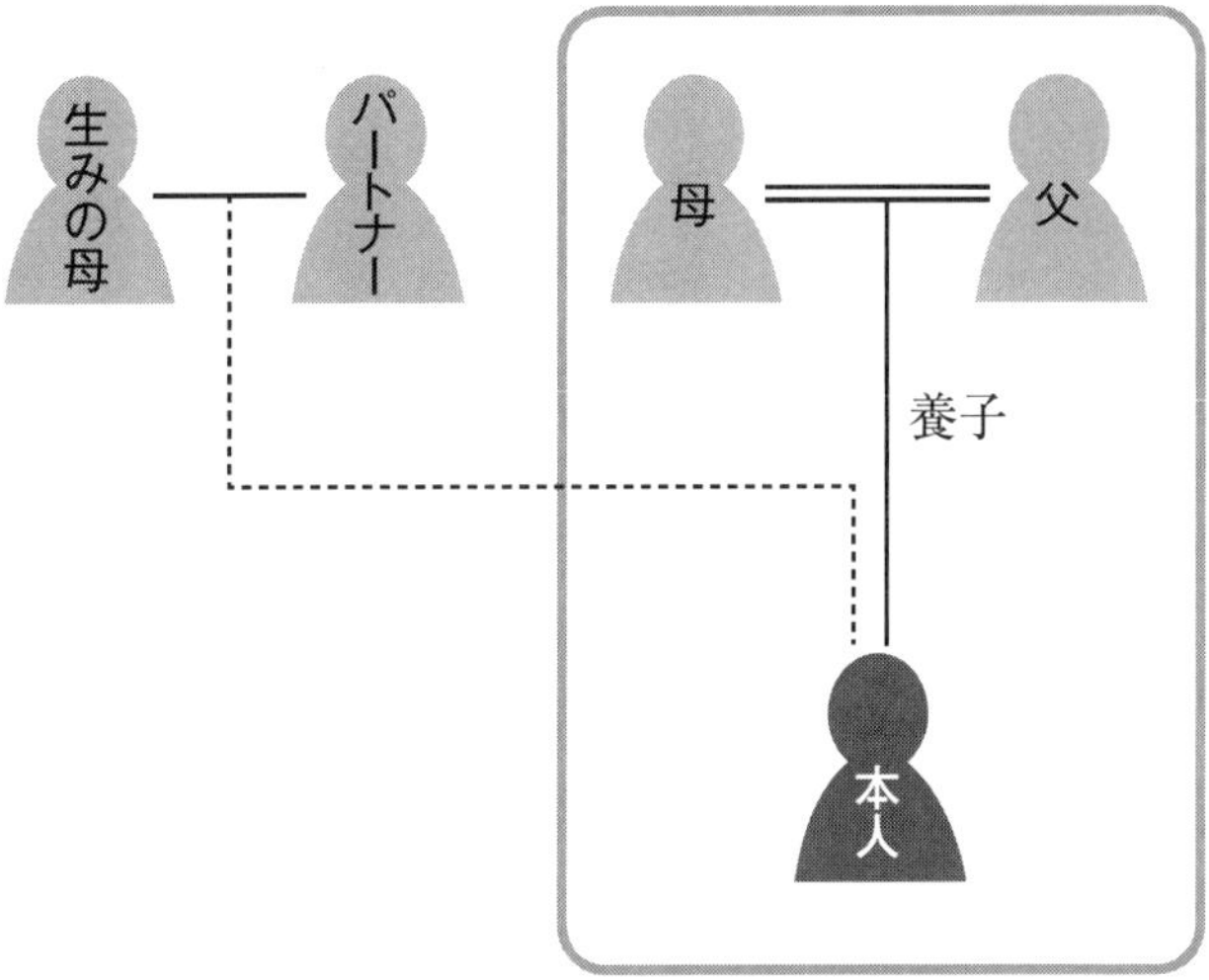

でも〝本当の子ども〟ではないし、生物学的にはつながっていない。かといって、いまの父と母の遺伝子をもらって生まれていたら、いまの私にはならない。そういうのが、すごくもどかしくて」

なぜ「もどかしい」と感じるのか？　もしかすると彼女は「血縁の親子」＝「本当の親子」と、心のどこかで思っているのでしょうか。

以前、ある女性から聞いた話を思い出しました。小学生の息子が、血縁のない父親と遊んでいたとき、近所の人が悪気なく「本当の親子じゃないのに、仲いいわね」と声をかけたところ、息子が「本当って何？　血がつながっていないと本当じゃないの？　これが本当じゃないなら本当の意味がわからない」と泣いたという話です。

「本当の親子」かどうかは、血縁の有無で大人が判断することではなく、子ども本人が決めることではないでしょうか。このケースとは逆に、子どものほうは「親」と思っていないのに、血縁のない大人が勝手に「親」になろうとして空回りするケースも再婚家庭などではよくあるのですが、どちらも的外れなところがあるでしょう。

もしかすると「もどかしさ」を感じていたのは、彼女の母親が先だったのかもしれません。話を聞くと、「血縁の母」ではないという母親のもどかしさを、さちこさんが内面化していたようにも思えます。

もうひとつ、さちこさんがショックだったのは、「養子だということを、私以外の全員が知っていたこと」でした。父方も母方も親せきはみんな知っていたのに、「私だけが知らなかった」ことについては、嫌な気持ちになったとのこと。

生みの親に会ってみたい気持ちは「少し、ある」といいます。いちばん気になるのは「どういう顔なのか、どういう体形をしているのか」といったこと。あとはやはり、親の体質や病歴なども知りたいそうです。

私はこれまでも、血縁の親がわからないという人に話を聞かせてもらってきましたが、

「血縁の親を知りたい、会いたい」という気持ちは人によってニュアンスが異なるし、またとても微妙なものだと感じます。先に紹介した石塚幸子さんや江蔵智さんもそうですが、本人にも言葉にしがたい部分があるようです。

さちこさんも一時期はかなり真剣に探したのですが、ある人から「自分の過去を知ることと、生みの母に会いたいと思う気持ちは、似ているけれど別物」といわれて納得し、以来「会いたい」という気持ちは以前より落ち着いたそう。ただ、それでもやはり「会えるものなら会いたい」という気持ちはあるようです。

養子であることを知らないほうがよかったと思うか、と尋ねると、「私は知ってよかったと思いますね。(自分の人生が)一本の線でつながったような感覚があって、モヤモヤした部分がスッキリし、生まれ直したような感じがあるので」ということでした。

*いまこの瞬間を大切に

人生の途中で出自を知ったほかの人と比べ、なぜ彼女は怒りや悲しみより、ポジティブな感情を多く抱いているのか? 考えながら話を聞いていたのですが、「これかな」と感じたのは、たとえばこんなエピソードです。

「さちこが家に来てくれて、われわれは『お父さんお母さんになる』っていう夢がかなえられた、と親はいっていて。幼稚園で急に熱を出したときのお迎えも、高校受験のときの塾の送り迎えも、部活の応援も、さちこが家に来たからこそ、経験することができたと。私はただ生きてきただけと思っていたけど、知らない間にこんなにも長く、誰かの夢をかなえ続けていたんだ、と思ったら私自身すごくうれしかった。実親と一緒にいることができずに養子になったというスタートの事実は悲しいけれど、生まれてきてよかったなと思ったんです」

自分が存在することへの全肯定、とでもいうのでしょうか。こんなふうに「自分がそこにいるだけで誰かが心から喜んでくれている」と子どもが思えたら、親と血縁があろうがなかろうが、大丈夫なんじゃないかな、という気がします。

さちこさんは、養子をこれから迎える、あるいはいま育てている人たちに対し、「いまこの瞬間を大切にしてほしい」といいます。

「血のつながらない子どもを育てている親御さんには、もっとその時間の幸せを感じてほしいです。真実告知をいつにしようとか、どういうふうに伝えようとか、不安になってしまう気持ちもわかるけれど、子どもがいる生活や、わが子を愛し、わが子に愛されている毎日を、大切にしてほしいなと。

真実告知についても、そんなにびくびくしなくてもいいです。子どもがショックを受けるのは正直、当たり前のことだと思うんですね。むしろ、そんな悲しい状況を支えてあげられるものこそが、家族でしょう。誰だって大切な人が悩んでいたら助けてあげたくなりますよね。真実告知のときも同じで、子どもは後からいろいろな感情が湧くかもしれないけれど、一緒に乗り越えていってほしい。

親が怖がっていたら、子どもはもっと不安になります。血のつながりにとらわれないで、何かあったら力になるよ、ということを伝えてあげてほしいと思います」

また真実告知のタイミングについては、こんなふうに考えているとのこと。

「よくいわれるように、基本的には早く伝えるのがいいと思いますが、個人的には、子どもが知りたいと思うタイミングがベストではないかと思っています。子どもも周りの人とかかわるなかで、ほかの家との違いに気付き、疑問を感じ始める時期があると思うので、そこで答えを提示できるといいんじゃないかなと。やっぱり思春期など多感な時期はなるべく避けたほうがいいと思うし、もし伝えるなら慎重にしたほうがいいと思います」

さちこさんは最近、養子の立場の人だけが集まるイベントや、養親向けのイベントを開催しました。ゆくゆくは「養子縁組後の家族を支援するサービスができればいいいな」と考えているといいます。

「養子ってすごくセンシティブな問題ですけれど。いまは、あっせん団体や養親側の意見ばかりが目立つので、養子である子ども側の意見も、社会にもっと伝えていければいいなと思います」

＊＊＊＊

もう10年近く前になりますが、養子縁組で迎えた子どもに、親と血縁がない事実を伝えることを「真実告知」というのだ、と初めて聞いたときは、正直なところ違和感がありました。「その表現、ちょっと大げさすぎない？」と感じられたのです。

以前から私がよく取材をしていた再婚家庭の当事者団体では、継親を「お母さん」「お父さん」と呼ぶよう子どもに強いるのはよくない、という話がだいぶ常識になっており、血縁の不在を子どもに伝えるのは当たり前のことという感覚がありました。

しかし、再婚は子どもがものごころついてから非血縁の親をもつケースが多いのに対し、特別養子やＡＩＤの子どもは最初から非血縁の親をもつのでやや事情が異なります。後者の場合、親が敢えて説明しない限り、子どもは育ての親＝血縁の親と信じて育ちます。

そして実際、親と血縁がない事実を人生の途中で知った人たちは、みな激しいショックを受けるので、その意味では「真実告知」という仰々しい表現も、わからなくはありません。

ただ、その衝撃は、「親がずっと黙っていたから」こそ大きくなるように思えます。最近は、子どもが小さいうちから親が事実を告げているケースも見かけるようになってきましたが、その場合、子どもは自然に受け止めているようです。

むしろ、親のほうが「親子は血がつながっていなければいけない」と思い込んでいるから子どもに事実を伝えるのが遅くなり、そのために子どもの負担が増しているのではないでしょうか。

ＡＩＤで生まれた石塚幸子さんも、養子だった長谷部さちこさんも、それぞれ親から真実告知を受けた際は大変なショックを受けましたが、おそらく親のほうもいつ伝えるか、あるいは伝えないか、悩んだことでしょう。もし「小さいときから伝える」がスタンダードになっていれば、親も子どももだいぶ楽だったのではないかと感じます。

なお産院で取り違えられた江蔵智さんのケースでは、親も事実を知らなかったわけで、親から子どもへの真実告知は生じ得ませんでした。親も子どもも同時に、ＤＮＡ鑑定をした医師から真実告知を受けた形です。

一般に「出自を知る権利」というと、「血縁の親が誰か」を知ることと思われていますが、今回紹介した三人は誰も、血縁の親がわかっていません。日本では現状、養子でもＡＩＤでも「真実告知」すらしないケースが多いため、子どもが血縁の親を探そうと思うことすらできないケースがほとんどです。

日本でも「真実告知」や「出自を知る権利」が当たり前になり、子どもが育ての親に遠慮することなく、血縁の親を知り、望んだ場合には会えるようになってほしいのですが、まだもうちょっと、時間がかかりそうでしょうか。

第４章

虐待、その後の人生

取材の時期……Case9　2017年11月
Case10 2018年10月
Case11 2018年5月

この章で紹介するのは、自分や家族が虐待を経験した三人の女性の話です。

一人目の秋本蓮さん（仮名）と二人目の丸山なつきさん（仮名）は、偶然ですが共通点が多くありました。二人とも幼少のときから虐待を受け、多重人格の症状に悩まされたのちに病院で治療を受け、自分の人生を取り戻しています。ただし、虐待してきた親との現在の関係は対照的です。

一方で、三番目に登場する坂間葵さん（仮名）は、主に「虐待を受けた妹をもつ姉」という立場です。彼女は最近まで、妹が受けた虐待に関する記憶を失っていました。

虐待が起きるのは「ふつう」とは違う家庭だろう、と思っている人は多いでしょうか。実際、この章に登場する三人も皆、ひとり親や再婚家庭の子どもの立場です。比率として高いことは、否めないでしょう。

でも、いわゆる「ふつうの家族」でも虐待は起きています。ですから家族の形が虐待の原因になるというより、親の成育環境などといった大元の原因が離婚や再婚を生み、同時に虐待も生じさせている面が大きいのではないでしょうか。ですから家族の形を「ふつう」にすれば虐待が減る、ということではないわけです。

むしろ定形外家族では「ふつうの形」「正しい形」にならねば、という親の思い込みが子どもにプレッシャーを与えているケースもよくあります。たとえばひとり親が「周囲から後ろ指をさされないようにせねば」と、あるいは再婚家庭で継親が「親にならねば」と気負い、子どもに厳しくしているケースは、みなさんも見かけたことがあるでしょう。

そういった場合は、社会や大人たちが「ふつうの形じゃなくてもいい」と思えるようになるほうが、よほど子どもにとってはいいと考えられます。

なお、虐待の取材をするにあたっては、別の視点からの関心もありました。「虐待を受けた人が、どうやって自分の人生を取り戻すか」という点です。心身に繰り返し受けてきた暴力で、価値がないと思わされてしまった自分を、どうしたら大切に思えるようになるのか？　あるいはせめて、価値がないと思わずに済むようになるのか？

親を許さないまでも、怒りや恨みなど強い負の感情から解かれ、自分の人生を取り戻すためには何が必要なのか？　虐待や毒親（子の人生を支配しようとする親）に苦しんで育った人の話を聞くたび、知りたいと感じてきたことでした。

この章は、そんな視点も含めて、話を聞かせてもらっています。

Case 9

親からの「虐待の記憶」複数の人格を統合するまで

その写真を見たとき、ぎょっとしました。「私か?」と思ってしまったのです。顔は写っていないのですが、肩のシルエットや髪形、着ている服の雰囲気に、なぜか既視感があり、撮影されたっけ、と一瞬考えてしまいました。

私はこのとき、東京・墨田区にあるフォトギャラリーにいました。写真家・長谷川美祈さんによる、虐待を経験した子どもたちの内面の叫びを表現する作品展を訪れていたのです。長谷川さんの作品は、静かな迫力に満ちていました。被写体となった人物たちに、いったい何が起きたのか? 見る人は自ずと、そこに写らない痛みに目を凝らし、耳を澄ませずにはいられなくなります。

私と似たこの女の人は、親からいったい何をされたのか? 吸い寄せられるように一人の被写体の写真を見ていたところ、そっと声をかけられました。

「これ、私なんです」

振り返るとすぐそこに、女性が立っていました。穏やかで、はかなげな（私とは似ていませんでした）、でもはっきりと意思を感じる優しい目をした人でした。

まさか本人に会えるとは。うれしかったのと同時に、「この人に話を聞かせてほしい」と思っていたのを見透かされた気がして、ちょっとバツが悪い気持ちもありました。内心動揺しながら日を改めて会う約束をし、後日、彼女の家に近いファミレスで話を聞かせてもらったのでした。

＊いつも自分を責めていた

秋本蓮さんは40数年前、西日本の、ある小さな町で生まれました。幼少期は主に身体的な虐待を、その後は主に精神的な虐待を母親から受けてきました。

強く印象に残っているのは、3、4歳の頃、泣きやまない蓮さんのノドに母親が指を突っ込んで血が止まらなくなり、いつもと違う病院に連れていかれた記憶。蓮さんの身体に母親が馬乗りになり、口にガムテープを貼り付けられた記憶。泳げるようになるようにと、水の入った洗面器に顔をつけられ、力ずくで押さえ続けられた記憶。

そのため蓮さんは、大人になって治療を受けるまで、ガムテープや洗面器を触ることがほとんどできませんでした。それらを不用意に目にするだけで、フラッシュバック（時間や場所が「そのとき」に飛ぶ、鮮明な記憶の蘇り）を起こし、意識を失ってしまうこともよくあったのです。

4歳の頃、洗濯機に入れられたことは覚えていましたが、0歳のときにも入れられていたことは、大人になったのち、母親本人の話から知ることになりました。

小学生の頃は、ひたすら勉強を強要されていたそう。母親は学歴コンプレックスが強かったため、蓮さんを「エリートにしたい」と考えていたのです。高学年になってからは中学受験のため、夜中の3時頃まで勉強をさせられ、蓮さんが眠りそうになると「よく分厚い辞書で頭を殴られた」といいます。

父親は遠洋漁業の仕事をしていたため、家にはほぼいませんでした。たまに帰っているときは、夫婦仲は悪くなさそうでしたが、蓮さんが高学年になった頃からはだんだんと父親が家にいることが増え、母親との喧嘩が増えていったそう。

蓮さんが中学に入り、母親がパートに出て現在のパートナーの男性と知り合ってからはいよいよ夫婦仲が悪くなり、酔った父親が包丁を振り回す光景を、蓮さんはよく見ていたといいます。

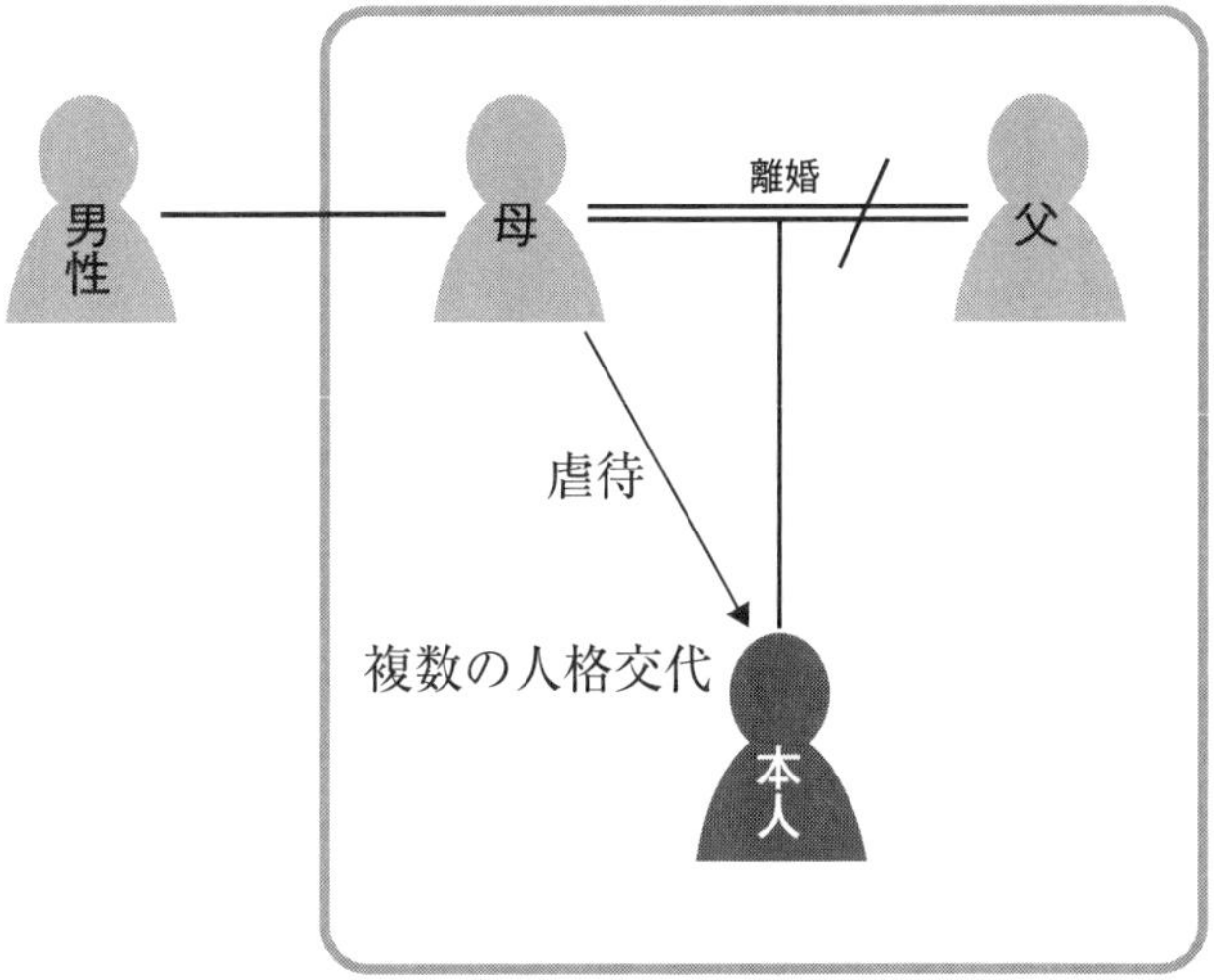

「それまで母親は私に『勉強しろ』しかいわなかったのが、急に『離婚したい』としかいわなくなって。毎日何時間も父親の悪口を聞かされて、『そんなに嫌なら離婚したらええやん』と私がいうと、『離婚したいけど、あんたが未成年やからできない』という。

私はいつも自分を責めていました。いつも怒られて、『あんたのせいや、あんたが悪い』といわれていたので、『全部私のせいなんやな、生まれてこんかったらよかったね』と思っていた。学校でも浮いてしまって、どこにも居場所がなくて、『何のために生まれてきたんだろう』と思っていました」

その後、県外の大学に進学したのを機に、蓮さんはなんとか家を出ることに成功します。

母親は間もなく父親と離婚し、すぐに現在のパートナーと同居を始めました。

蓮さんは最初の職場でひどい上司にあたって体調を崩し、一時はやむなく母親とパートナーが暮らす家に身を寄せましたが、その後は専門学校に通って看護師の資格をとり、再び家を離れるのに成功したということです。

＊おかしいのは、私？

蓮さんが虐待を受けた過去と向き合うようになったのは、3年前の夏、メニエール病という激しいめまいの病気に襲われたことがきっかけでした。

病を機に母親の過干渉が激しくなり、以前から兆候のあった摂食障害が急速に悪化します。一時は体重が35kgまで減り、治療のため心療内科に通ううち、親子関係の問題に気付いたのでした。

「小さい頃からずっとですが、母親はいつも『あんたはこうやもんね』と決めつけ、私が『本当はそうじゃない』と思ってもいわせません。まるで別の私と会話をしているみたいで、私が返事をする前に『そうしよう、そうしよう』と自分で納得してしまう。摂食障害になった私に、大量の食べ物の差し入れを繰り返したときも、『やめて』というのに、全く聞いてくれなくて。

『もしかしたら、私がおかしいのかな?』と思って、(心療内科の)先生に聞いてみたら、『いえいいえ、あなたではなく、お母さんがおかしいんですよ』といわれて。ようやく納得して、過去のいろんな出来事がつながり始めたんです」

蓮さんの話に、漫画家・田房永子さんの『母がしんどい』(母親との関係に苦しむ作者自身の体験を描いた作品)に登場する病的な母親の姿が思い出されました。蓮さんの母親も、子どもを対等な人間とは思いもしないタイプの人だったのでしょう。

蓮さんが幼少からの虐待の記憶に向き合い始めたところ、以前からときどきあったフラッシュバックが頻繁になり、しだいに人格交代も起こるようになりました。多重人格の症状が出てきたのです。

多いときは、蓮さんのなかに3、4人の人格がいたそう。はっきりと認識できたのは、蓮さん本人と、虐待を受けた本人である「B子」という女性、そして感受性の強い蓮さんに代わってつらい記憶に向き合ってくれる「fs(free styler)」という女性の3人で、さらにもう1人、はっきりと把握できない人格もいたようだといいます。

当時の蓮さんのブログを読むと、書き手が時々「fs」だったことがわかります。fs

は、蓮さんには読むのが耐えがたい虐待に関する本を一晩かけて読み通したり、片付けが苦手な蓮さんに代わり部屋を整頓したりする、優しくて強い人物なのですが、いまこうして蓮さんと話をしていると、ｆｓも蓮さんの一部であることが自然と納得できます。優しく傷つきやすい面をもちながら、話をしていると、どこかｆｓと共通する強さも感じられるのです。

当時は、人格交代が起きるたびに記憶が途切れてしまうので、とても不安な状態でした。そこで蓮さんは、自治体の精神保健福祉センターを通し、その地方で唯一、複雑性ＰＴＳＤ（虐待などの長期反復的なトラウマによる心的外傷後ストレス障害）の治療を行っている専門医にたどり着きました。

＊信じてのぞんだ治療の効果

治療を受け始めたのは、１年前の春でした。治療のなかでは大量の宿題が出されたそう。ひとつの出来事をいくつもの角度から切り取って、気付いた感情を書き出すトレーニングをしたり、時間が経過した出来事について「こうしておいたらよかった」と思うことを振り返ったり。この治療を通して、彼女は「変わることができた」といいます。

「治療を受ける1年くらい前に母親に送った絶縁状を読み返すと、『私をこんな状態にして、どうしてくれる』という感じで、すごく怒っていました。でもいまは『どうでもええけど、私にかかわらんでね』みたいな感じです。許さないという点は変わらないけれど、憎しみや怒りはなくなっている。それは治療の影響がいちばん大きかったですね。

治療を受ける前は『(母親から)理不尽なことをされた』と思いながらも、自分を責めてしまっていたんですけれど、『責めなくていいんだ』とやっと思えるようにもなりました。あの人(母親)と私は違う人間なんやとわかって、線を引くことができた。先生が『親を許すか許さないか、今後、親と連絡をとるかどうかも、全部秋本さんが決めていいことなんですよ』といってくれたのも、大きかったかもしれません」

最近は怒りの感情がなくなった分、以前と比べ、ブログを書いたりするモチベーションが落ちて不安を感じているといいますが、ずっと怒り続けるのも疲れることです。休む時期も必要なのかもしれません。

国内で数か所しか行われていないPTSDの治療を受けられたことは、蓮さんにとって大変幸運なことでした。ただし、治療がうまくいったのはもちろん、彼女自身の努力の成果でもありました。

「最初から『効果を疑うのはやめよう』と決めていたんです。看護師をしていたとき、患者さんを見ていると、『これ、ホンマに効くんかな』という不信感が強い人よりも、本人の治りたい気持ちとか、医師を信用する気持ちが強い人のほうが経過がよいケースが多いと感じていたので、『ここは、乗っていこう』と思いました。

タイミングもよかったと思います。虐待に向き合い始めてから少し時間が経っていたし、（写真家の）長谷川さんの取材を受けたり、自分でブログを書いたりして、気持ちを整理してきたので、先生のいうことが、割とすっと入ってきました。その後はフラッシュバックもほとんど起こしていませんし、人格交代も起きていません」

一連の治療を終えた蓮さんは、まもなく地元を離れ、東京に出てきました。このとき古い知人が力を貸してくれたことも、大きな支えになったといいます。

蓮さんは最近、自分でもｆｓっぽい性格があることを感じているそう。ただし、いまでも「部屋は片付けられない（笑）」というのは興味深いところです。

＊「先生」に守られたのは一度きり

彼女が虐待を受けていたころ、何か救いを得る手立てはなかったのでしょうか。大人になって虐待後遺症に苦しむより前に、学校の先生など周囲の大人が、彼女の異様な家庭環境に気付くことはできなかったのか？

聞くと「先生と名の付く人に守ってもらった記憶は一度きり」だといいます。

「幼稚園の先生だけは気付いて母に注意してくれたんですが、そのあと私は『告げ口した』といって、母からボコボコに叩きのめされてしまって。でもそれは恨みには思っていません。いい先生にあたったと思います。

その後の先生には、いい記憶がなくて。小6のとき、母に夜中まで勉強させられていたせいで1時間目から居眠りをして帰宅させられたことがありますが、怒るだけでなく、なんで小学生が朝の9時から居眠りをするのかを考えてほしかったですね。

高校のとき一番相談にのってくれた先生からは、卒業時に『合格祝い』といって呼び出されて、襲われそうになったこともありました」

なんともひどい話です。なお、蓮さんの祖父母は彼女をかわいがってくれていたのですが、家が遠かったため、たまにしか会えなかったといいます。

親と先生以外に気軽に相談できる大人がいたらよかった――。でも、どんな存在ならそれが可能なのか？　考えても、いまだに思いつかないと蓮さんは話します。

「たぶん私は幼い頃、（虐待を受けて）尋常じゃない泣き声をあげていたと思います。誰も気付いてくれんかったのかなーとか、いまの時代だったら通報してくれた人おったかなーとか、思うときはあります」

＊「親が嫌い」といっていい

蓮さんは今後、虐待の問題をもっと広く世間に知らせるため、自分の体験を語っていきたいと考えています。ただしそれには、いくつか壁があると感じているそう。そのひとつは、虐待を受けた〝仲間〟たちからの攻撃だといいます。

「誰かがネット上で虐待の経験を話すと、ほかの虐待経験者が『それくらいで虐待というな』とか『人前で話すのがエライわけじゃない』などバッシングするのをよく見かけるので、発信するときは、そこが難しいなと思います。

他方では、私の話に自分の経験を重ねすぎて、ちょっとでも違うところがあると攻撃してくる人もいる。自分と他人の境界線が引けていないんでしょうね」

もうひとつの壁は、「親を悪くいうべきでない」という世間の風潮です。

「『親にこういうこと（虐待）をされた』といってはいけないような風潮もありますよね。『育てもらったのに、何を恩知らずなことをいっているんだ』といわれてしまうから。そのせいで、自分がされたことを〝アウトなやつ〟(しつけでなく虐待)だと気付けない人や、(後遺症を)長くこじらせてしまう人が多いので、この風潮をとっぱらわないといけないのかなって思います。

別に『親を好き』という人を批判しているわけじゃないんですよ。『私は親にこういうことをされているから、好きになりようがないんだよ』というだけなのに、非難されてしまうのはなぜなのか？　『私は親のことが大好き』というのと同じように、『私はね、嫌いなんだ』と言える世の中になれば、虐待された人のその後の生きづらさみたいなものも、ずいぶん減らしていけるんじゃないのかな」

Case6で紹介した石塚幸子さんも、親に対する負の感情を表に出せず悩んでいましたが、彼女の苦しみも、蓮さんが指摘する、親批判を封じる圧力と同根でしょう。

「親を『嫌い』っていうくらい、『殺す』より、よっぽどましやと思うんですけれどね。なかには本当に親を殺してしまう人もいますけど、そこまでこじらせきって自分の人生を台ナシにするくらいやったら、『親が嫌い』といって離れて暮らすほうが、ずっといいじゃないと思います。

虐待被害者のなかには、『世の中の幸福なやつ、みんな不幸になれ』と思っている人がときどきいます。生きづらさを抱えて、どこにも居場所がなくて、誰のことも信用できなくて、そういう破壊的な思考に走ってしまうのかもしれない。でも、もしもうちょっと早い時点で、そういう人の気持ちをくみ取る人が誰かいれば、修正も不可能ではないのかなって思うんです。

昨日ニュースを見ていたら、虐待の通報件数がどんどん増えているのに、児童相談所の職員が足りなくて、一人ひとりの子どもの話を聞く時間がとれない、という話をやっていました。話を聞くだけで、その子どもの心の負担がぐっと軽減されて、精神状態が落ち着くケースはたくさんあるんやけど、聞き役の人手が足りていないっていうんです。私もいつか、そういうことをしてみたい気がします」

蓮さん自身も幼かった頃に、誰か話を聞いてくれる人がいてくれたらよかったと感じているのでしょう。

大人の助けが必要な子どもたちの声をかき消さず、社会につなげるにはどうすればいいのか。考え続けていくしかありません。

Case 10

性的虐待をしのぐための人格交代
トラウマ治療で得たもの

主治医とともに会場を歩くその人は、私と同世代の、ごく「ふつう」の女性でした。

関東北部に暮らす、丸山なつきさん。彼女から初めてもらったメッセージには、言葉を失うような過去が書かれていました。幼少期から受けてきた、継父からの身体的虐待、母親からの精神的虐待、叔父からの性的虐待のこと。処方薬依存や多重人格の症状に苦しんだのち、いまの主治医や病院と出会って回復するまでのこと。簡潔にまとめられた文章からは、彼女がもう過去にとらわれていないことが伝わってきました。

メッセージの最後には、近々行われるあるセミナーで、彼女がサバイバーとしての体験を話すことが添えられていました。行ってみようと決めたのは、正直なところ、初めから一対一で話を聞くのが、少々怖かったからでもあります。

10月のある朝、新幹線や在来線を乗り継いで、私は長野市内の会場へ向かいました。なつきさんが登壇したのは、主治医である松本功氏（赤城高原ホスピタル副院長）の話の終盤でした。

セミナー終了後、彼女から直接、話を聞かせてもらいました。ホールの脇の小さな控え室には、イベントを主催した関係者が家から持ってきた果物の容器が置かれ、おいしそうな香りと、かわいらしい彩りを添えていました。

根が関西人なためでしょうか、彼女の話は限りなくヘビーなのに、時折ユーモアが顔を出します。話を聞く間、私は泣いたり、笑ったりしていました。

＊空気になりたかった

なつきさんは、母親の再婚相手だった継父から激しい暴力を受けて育ちました。継父はアルコール依存で、朝は蹴り起こされ、食事は日に一度もらえればいいほうでした。数日間食べさせてもらえないことや、全裸で裏庭に出されることもたびたびありましたし、両手を骨折したり、熱湯を浴びせられてひどい火傷を負ったり、いつも体のどこかに傷を負っていたといいます。

生き延びられたのは、近くに住む祖母や叔父が病院へ連れていったり、ご飯を食べさせたりしてくれたからです。しかし、叔父はその〝見返り〟として、なつきさんに性的虐待

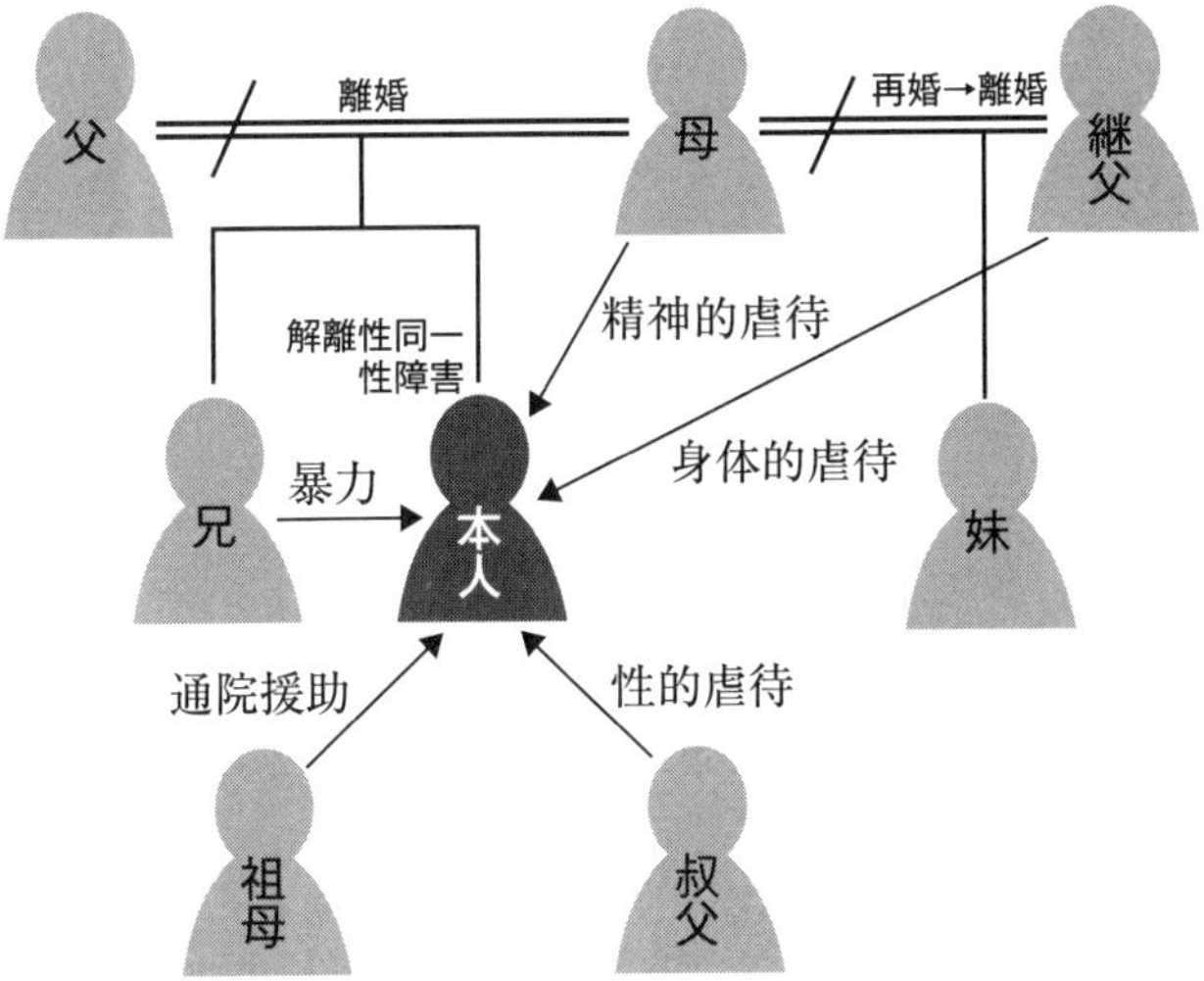

を繰り返しました。触られるだけでも耐えがたいことでしたが、同居する祖母や叔母、いとこたちがいないときは「好き放題だった」といいます。叔父による虐待行為は、彼女が4歳頃から、中学1、2年の頃まで続きました。

性被害を受けた人には大変よくあることですが、なつきさんは長い間この被害について〝罪悪感〟を抱えて生きてきました。被害者が罪悪感を抱かなければいけないなんて、理不尽きわまりない話ですが、なつきさんは「もっと空腹に耐えればよかった。いっそ大きなケガをして死んでしまえばよかった。それができなかった自分は弱い人間だ」と、自分を責めていたというのです。

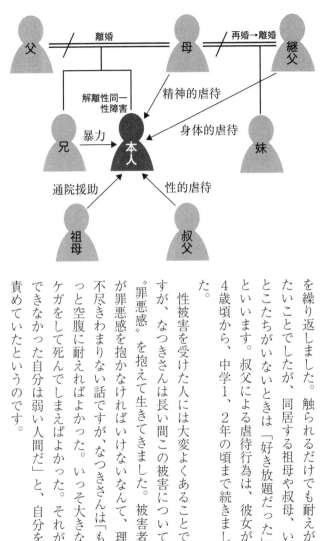

幼稚園の頃から〝乖離〟の症状もありました。乖離というのは、脳で処理できないほど強烈な刺激を受けたときに起こる、感覚のシャットダウンです。いつからか多重人格の症状も呈し、何人か別人格がいたようですが、なつきさん本人は「その部分の記憶がオフ」なので、覚えてはいません。

母親は、表立ってなつきさんを助けてくれることはありませんでした。「お前さえいなければ」「産むんじゃなかった」など、存在を否定する言葉をたびたび聞かされたため、ものごころがついた頃から「私は間違ってこの世に生まれてしまった」という思いを常に抱えて生きてきたといいます。

7、8歳のときには、自ら近所の児童相談所に駆け込んだこともあります。ところが職員は「あんたがかわいくないから、かわいがってもらえへんのやろ。もっとかわいくして、お父さんにかわいがってもらい」といい、なつきさんは家に追い返されたそう。彼女はそれから長い間、児童相談所をどうしても信用することができませんでした。

小学校や中学校で先生や友達にいじめられても「休む」という選択肢はありませんでした。なぜなら彼女にとって、給食は「唯一、自由に食べられるご飯」だったからです。

「この頃はよく『空気になりたい』と思っていました。空気になれば、殴られることもなければ空腹に苦しむこともなく、人から必要とされるのになって」

人間でいるより空気になったほうが幸せだと感じながら、それでも誰かに必要とされることを願いながら、当時のなつきさんは、生きていたのでした。

＊忘れがたい母の言葉

母親が継父と離婚したのは、11歳のときでした。それまでなつきさんは兄からも暴力を受けていたのですが、当時中学生だった兄は転校したくないといって、しばらくの間、祖母や叔父の家に身を寄せることになります。妹は父親（なつきさんの継父）に引き取られたため、なつきさんは母親と2人で暮らすことになりました。

これでようやく、穏やかに暮らせるようになるはず——。しかし彼女の願いはむなしく断たれます。母親は昼夜働きに出て、なつきさんはひとり孤独な生活に取り残されたのです。小学生ながら、すべての家事を引き受けたのは、母親に「いい子だね」「ありがとう」といってほしかったから。しかし母親の口から出るのは相変わらず否定的な言葉ばかりで、次第になつきさんは精神を病んでいきます。

初めて精神科にかかったのは中1のとき、胃潰瘍がきっかけでした。中3の頃には精神安定剤や睡眠薬を服用しており、学校へは行ったり行かなかったり。そんな状況でも「受験勉強を頑張ろう」と思ったのは、「地域でいちばん上位の高校に進んで、母親に褒められたい」と思ったからです。

しかしというべきか、案の定というべきか、志望校に合格したなつきさんを、母親が褒めることはありませんでした。「これでまた3年、タダ飯食わさなあかんねんな」という忘れがたい言葉。なつきさんは以降、乖離の症状を悪化させていきます。初めてリストカットやOD（オーバードーズ＝薬の過剰摂取）をしたのも、この頃でした。

当時はよく、中学の先生たちに助けてもらったといいます。受験の1か月前に母親が自殺をほのめかして家出したときも、なつきさんが初めて自傷行為をしたときも、担任や数学の先生が駆け付けてくれたそうです。

高校の入学式は母親が来なかったため、なつきさんはひとりで出席しましたが、翌日からは休学して、精神科の病院に入院することになります。初めは統合失調症と診断されましたが、医師が変わるごとに診断名も変わり、薬だけが増え続けていきました。当時、彼女にとって薬は「唯一、私の期待を裏切らない支え」だったといいます。

復学してなんとか4年で卒業できたのは、なつきさんの努力はもちろんのこと、高校の先生たちのおかげもありました。入院していた病院から高校までは距離があり、何度も電車の乗り換えが必要だったのですが、たまたま病院の近くに住む数学の先生が、毎朝なつきさんを車で拾って、学校へ連れていってくれたのです。

成績も出席日数もぎりぎりでしたが、「足りないとなると、私ひとりのために補講をやって単位をくれたりして、なんとか救済してくれた」そう。昨今は先生たちも忙しく、ここまで親身になれる余裕はないかもしれませんが、当時彼女が周囲の理解とサポートを得て高校を卒業できたのは、何よりのことでした。

高校時代の記憶も、途切れ途切れです。「登校したはずなのに、気付くと名古屋にいた」といった不可解な現象も、ときどきありました。解離性同一性障害（多重人格症）の症状で人格交代が起きていたためですが、当時は理由がわからず、不安でたまらなかったそう。なつきさんが知らない間に、別人格はいったい何をしていたのか？　いまでも、全くわからないままだということです。

＊二度の離婚、二人の子ども

高校を卒業してからも、波乱の連続でした。22歳で結婚し、2年後に阪神・淡路大震災に遭ったそう。この年ようやく念願の子どもを授かりましたが、生活は困難を極め、産後は関東へ引っ越して離婚することになりました。29歳で再婚して第2子を授かりましたが、33歳で再び離婚しています。

結婚や離婚を繰り返したのは「男性依存と男性恐怖症の両方があったから」。孤独は耐えがたいものの、男性は彼女にとって恐怖の対象でもありました。「子どもをつくる」という明確な目的がないと肉体関係は受け入れられなかったため、「結婚という型にはめるしか選択肢がなかった」のです。

虐待を受けた人のなかには「子どもをもちたいと思えない」という人もときどきいますが、なつきさんはそうではありませんでした。親せきの幸せな家庭も見ていたため、「子どもをもちたい」という気持ちはずっとあったそう。ただし、自分も親にされたような虐待をしてしまうのではないかという不安もあったため、「それだけは絶対にしない」ということを常に強く意識しながら、子どもたちを育ててきたといいます。

二度の離婚は、どちらも子どもを守るためでした。一度目はなつきさんがぜんそく治療で入院している間に夫が失踪して、「最も頼りたくない」母親に頼って子育てするしかなかったから。二度目は子どもが生まれた途端に夫が豹変し、上の子（継子）につらく当たるようになったから。継父からひどい虐待を受けて育ったなつきさんは「もうひとりの私をつくりたくない」と思い、夫が初めて子どもに手をあげてすぐ、離婚を決めたのでした。

引っ越し魔で、これまでの転居回数は25回にのぼります。せっかく人間関係を築いても「自分から壊しに行く衝動」に駆られ、「ゼロからやり直すためのリセットキー」として引っ越しをせずにいられなかったからです。

最初の妊娠がわかった頃には、ぜんそくも発症してしまいます。30歳から10年もの間、車椅子で生活することになったのは、ぜんそく治療で使われたステロイドで「大腿骨頭壊死症」を患ったうえ、医療ミスが重なったためでした。

歩けなくなってからは母親が同居し、なつきさんの入院中など、子どもたちの面倒をみてくれてきました。意外に感じられますが、虐待親が〝孫〟をかわいがることは、珍しくありません。子どもたちも祖母のことをとても慕っているといいます。

＊仕事を無理して限界に

シングルマザーとなった彼女は、職業訓練校に通いながら猛勉強をして、わずか3か月で簿記3級と2級にダブル合格しました。いうまでもありませんが、これは決して誰にでもできるようなことではありません。なつきさんはこれらの資格を武器に、障害者雇用制度も使い、一流企業で職を得ることになりました。

こんなにも頑張れたのは、長子を私立の学校に通わせ続けたいという、その一心でした。子どもたちはふたりとも広汎性発達障害の診断を受けており、上の子は小学校のとき不登校になっていたため、なつきさんは30校の中学を見てまわり、ようやく毎日通えるところにたどり着いたのですが、それが私立の学校だったのです。

職場では仕事をするほどに評価を受け、やりがいのある仕事を次々と任せてもらえるようになりました。経済的にも余裕が生まれ、「初めて生きる価値、存在意義みたいなもの」を感じたといいます。しかし今度は無理をしすぎてしまい、服薬量は、もはや天井知らずとなっていました。

限界が訪れたのは、2010年です。きっかけのひとつは、当時放映されたドラマ『Mother（マザー）』（芦田愛菜さんの名演技で話題になりました）の虐待シーンでした。テレビを見ていた母親が、「こんなかわいそうなこと、ようするよな。こんなんやったら産まんかったらええのに」とつぶやいたのです。

「おまえがいうな」という、母親への激憤。このときなつきさんのなかで、ずっと抑え込んできた負の感情が決壊してしまったのかもしれません。
なお、この頃は「恐ろしいほどの量の薬」を飲んでいましたが、もはや効き目はなく、薬の切れ目に強いフラッシュバックが起きるほどの状態だったといいます。

＊いまの治療者との出会い

現在の主治医と出会ったのは、それから間もなくのことでした。何年か前に「解離性障害」という診断は受けたものの、治療を受けられる病院がなかなか見つからずにいたところ、依存症専門のクリニックであるいまの病院が「処方薬依存」の扱いで、彼女の入院を受け入れてくれたのです。

過去25年間、たくさんの病院にかかってきたなつきさんは、今回もこれまでと同様に「入院して強制退院させられるだけだろう」と思っていました。「病気を治してくれること」など、期待もしていなかったといいます。

しかし、この病院で受けた治療は、かつて経験してきたものとは全く異なっていました。主治医はなつきさんの過去のエピソードに照らしながら、解離性同一性障害について詳しく説明してくれました。それまで彼女は、記憶の欠如が不安で仕方がなかったのですが、説明を聞いて病気をある程度理解できるようになり、とても安心したそう。

　またこれまでは入院すると薬漬けにされて、保護室に入れられたり、保護着で拘束されたりしてきたのですが、今回はそれもありません。治療の中心は、患者の仲間同士で行われるミーティングです。初めのうちはほかの人の話を聞いても、「自分のほうが大変だ」としか感じなかったのですが、次第に仲間に対して連帯感のようなものを抱き、大きな力をもらうようになっていきました。

　最も印象に残っているのは、入院して半年経った頃のミーティングです。当時なつきさんは会社を休職し、東京で買ったマンションのローンを払いながら、子どもたちを母親に託していました。そんな彼女に、仲間のひとりがいったのです。

「そんなにたくさんのものを両手いっぱいに抱えていたら、救いのロープにすがりつくこともできないよ。いったん、全部手放して。いまの状態になったのは誰の責任でもないけれど、回復するのは、あなた自身でやらないと。回復したら、ひとつずつ必要なものから戻ってくるから、大丈夫」

　決して、すぐに受け入れられるアドバイスではありませんでした。これまで並々ならぬ努力をして、ようやく手に入れたものを手放すことへの恐怖と抵抗。最初は拒絶していたのですが、しかし日が経つにつれ、「回復するには、それしかない」という思いが芽生えてきました。

そこで彼女はついに会社を退職し、マンションも売却します。さらに、母親の元での養育が難しくなっていた下の子を一時的に施設に預け、改めて治療に専念することを決意しました。幼少期の経験から、児童相談所を信用できなくなっていた彼女にとって、わが子を施設に託すのは非常につらい選択でしたが、子どもたちの将来のためにも、どうしても必要なステップだとわかったのです。

それまで誰にも話せなかった性虐待の被害や、ひとりで抱えこんできた罪悪感について、主治医に話せるようになったのもこの頃でした。主治医はその後、繰り返し「あなたは悪くない」「あなたは子どもで無力だった」「生きていてくれてよかった、ありがとう」と言い続け、なつきさんの罪悪感を打ち消す手助けをしてくれたそう。

約4年にわたる入院生活のなかで、さまざまな治療を行った結果、乖離の症状は改善していきました。フラッシュバックを起こすことや、別の人格が現れて記憶を失うことがなくなっていったのです。

さらにこの間、近隣の大学病院を受診したのを機に、入院中の病院内で歩行リハビリを行うことになります。その結果、いまは車椅子を使わず、元通り歩いて生活することもできるようになったのでした。

＊他の人にも知ってほしい

退院後、なつきさんは病院の近くに住居を構え、すぐに子どもたちを呼び戻しました。最初の1～2年は、金銭的にも精神的にもかなり厳しい状況でしたが、その後だんだんと生活は安定し、子ども、仕事、家、車など、治療に専念するため断腸の思いで手放したものたちが、ひとつずつ返ってきたそう。ミーティングで仲間からいわれた通りでした。

退院から6年経ったいま、なつきさんは近くの会社で働きながら、穏やかな毎日を送っています。就職した長子のたっての希望で母親も同居するようになり、その後、さらになつきさんの妹も加わって、5人＋犬2匹という大所帯で生活しているそう。

いまだに「間違って生まれてしまった」という思いや、幼い頃から抱かされてきた罪悪感は消えないものの、それでも以前のように転職や引っ越しを繰り返し、人間関係をリセットする必要はなくなりました。処方薬ももう、滅多に飲んでいません。

いまの病院はなつきさんにとって「実家のような場所」だといいます。困ったときには相談に行き、精神的にきついときには短期入院をさせてもらうこともあるといいます。

彼女は私に連絡をくれた理由について、こんなふうに話してくれました。

「決して恵まれていたとはいいがたい人生を送ってきました。でもいまは、それなりの生活を送ることができているし、ふつうに幸せだと思っています。私は自助グループに参加して『こんな思いをしてきたのは自分だけじゃなかったんだ』と感じ、目の前の霧が晴れるような気がしました。私が体験を話すことで、他の人にも同じような気持ちを感じてもらい、光を見つけてもらえたら本望です」

インタビュー前のセミナーで彼女が登壇したときのことを思い出します。彼女が話し終えると、会場は一瞬静まりかえり、それから大きな拍手が長く続きました。彼女が生き抜いてきたことが、ここで彼女と会えたことが、みんな本当にうれしかったのです。

Case 11

40年間封じた「妹が受けた虐待」失われた記憶と罪悪感

「私は、妹の人生を背負っちゃったんです」

都内で開かれたある映画の上映会の帰り道、同じ電車に乗り合わせたアラフィフの女性、坂間葵さんがふと口にした言葉でした。

何が起きたのかと尋ねると、親の離婚を2度経験した葵さんは、再婚でしか生きる道がなかった母親を困らせまいと、同時に、幼い妹を守ろうとしながら生きてきたそう。しかし、その彼女には「子ども時代の記憶が断片的にしかない」といいます。

きまじめそうな彼女は、幼かったとき何を経験し、何を抱えてきたのか？　話を聞かせてもらったのは、それからひと月ほど経った、穏やかな春の夜でした。

＊ひとりで家を出た母親

ある朝起きたら、母親がいなくなっていました。小学1年生の終わり頃です。葵さんは両親と妹と4人で暮らしていましたが、このとき父親から「もうお母さんは帰ってこないよ」といわれ、妹と3人で父親の会社の社宅に引っ越しました。

社宅では、葵さんが学校に行くと3歳下の妹がひとりきりになってしまうため、よくずる休みをしたそう。先生が家に来ると「息をひそめて隠れていた」記憶が、うっすらとあります。

「この頃の記憶って断片的にしかないんです。ところどころ覚えている感じ。学校には行ったし、社宅の敷地内で遊んだり、ふつうに暮らしてはいたんですけれど」
2、3か月ほど経ったとき、突然母親が現れます。その日は母親と葵さんと妹の3人でデパートに行ったのですが、その後、母親はまたひとりでどこかに消えてしまいました。葵さんも妹もわけがわからず、ただ泣いたといいます。
後から母親に聞いたところ、父親に「女の人」ができて、その人と暮らすため別れたいといわれたそう。母親は専業主婦だったため、まずは仕事や住む場所を見つけるため、ひとりで家を出ていたのでした。

それならそうと、なぜ両親とも、子どもたちに事情を説明しなかったのか。父親は浮気をした自分が悪いのに、なぜ「お母さんはもう帰ってこない」などと、子どもたちを不安にさせることだけを告げたのか。

もしかするとこのとき、本当に離婚をするのか、するとしたら夫婦のどちらが子どもたちを引き取るのか、夫婦の間ではっきり話がついていなかったのかもしれません。もしそうだとしても、何も状況を知らされない子どもたちは、どれだけ不安だったことでしょう。

この頃葵さんは、おぼろげな記憶ではありますが、おそらくは父親から「(両親の)どちらといっしょに暮らしたいか」と聞かれています。父親が付き合っていた女性とはすでに会わされたことがあったため、「ひとりになってしまう母親のほう」に行くと彼女は答えたそう。

母親は家を出ているあいだに、住み込みが可能な、社員寮の寮母の仕事を見つけていました。そこで葵さんは、父母の別居から数か月経った小2の途中から、妹とともに母親のもとで暮らし始めます。寮には若い女性が大勢いて、葵さんたちはかわいがられて楽しく過ごしていました。しかし、まもなく寮は閉鎖されることになってしまいます。

2人の幼子を連れた母親が再び仕事を見つけるのは、容易なことではありませんでした。しかも母親は、中学を出るときに兄の大学進学が重なって高校に進学させてもらえなかったため、学歴は中卒です。そこでお見合いをして、葵さんが小3になるときに再婚をしたのでした。

＊妹には全く違う生活だった

母親の再婚後の生活は、「私にとっては、楽しかったなという記憶だった」と葵さんはいいます。継父とみんなでお花見に行ったり、紅葉狩りに行ったり、「いわゆるふつうの、

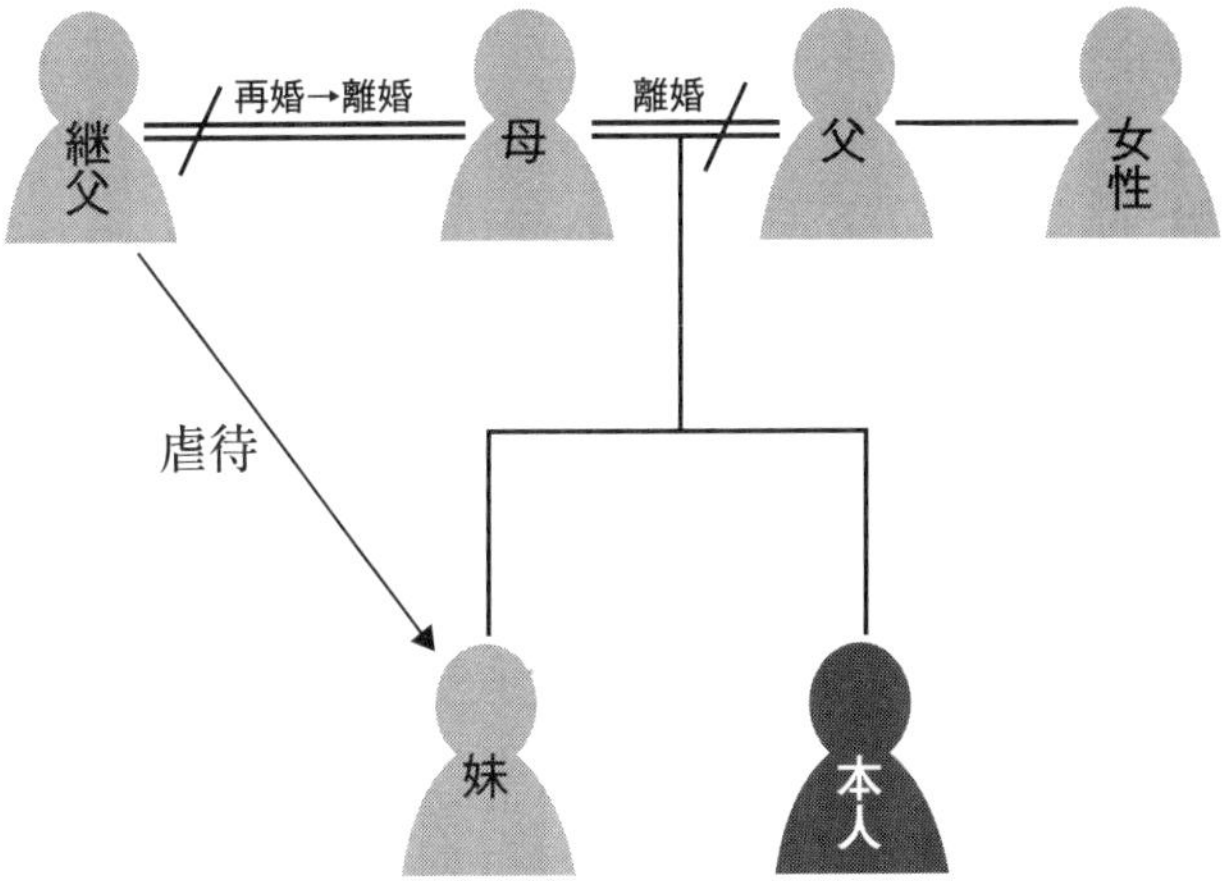

家族らしい家族だった」と思っていました。

ところが40年近く経った最近、妹にとっては「全く違う生活だった」ことを知りました。数年前、葵さんは実父に会ってみたいと思い立ち、妹に相談したところ、「再婚した父親から虐待を受けていた」という話を聞かされたのです。葵さんはその記憶を完全に失っていたため、本当に驚いたのでした。

「どんな虐待だったのかは聞けません。妹は『もう思い出したくもない』といっているので。私の記憶からはすっぽり抜け落ちているんですが、当時、妹が継父から虐待を受けていることを告げたのは私だ、と母はいっています。

たぶん私は、あの時期について『楽しい家

族』という部分の記憶だけを残しておきたかったのか。つらい記憶を抱えたまま生きるのがしんどかったから、封印してしまったのかもしれません」

小学校6年のとき、母親と継父は別居します。きっかけは継父による妹への虐待を、葵さんが母親に告げたことでしたが、それも彼女は忘れていたそう。

「当時、小2の妹がよく家出をしていたことは覚えています。そのたびに私は『え、また妹がどこかに行っちゃう』と思って、後をつけていました。妹は、すっごい遠くまで歩いていくんですよ。見失ってしまって、妹が警察に保護されてパトカーに乗って帰ってきたこともある。顔もわからない実父に会いたいと、1時間近くもひとりで電車に乗って、東京まで行ってしまったこともありました。

でも、『なぜ家出したのか?』ということについては、私は覚えていないんです。いわれると思い出して、『なんで私、そんなことを忘れていたんだろう?』とびっくりすることもあるし、いわれても『ごめん、覚えてない』みたいなこともあります」

虐待を受けた子どもが、つらさのあまり当時の記憶を失っているとか、虐待した親のほうが、自分がしたことを全く覚えていないといった話はよく聞きます。しかし、きょうだいが受けた虐待を忘れている、という話は、私は初めて聞きました。

「同じ家のなかで暮らしているきょうだいでも、違う世界を見て生きていることってあるんですね。うちは親が離婚や再婚をして、わかりやすく壊れた〝機能不全家族〟でしたけれど、そのなかでも私と妹とでは、受け止め方がこんなに違っている。

だとしたら〝ふつう〟に見える家庭のなかでも、いろんなことが起きているかもしれません。両親がそろっていても壊れている家庭もありますよね。そういう場合はもっと壊れた部分に気付きにくくて、しんどい子どももいるんじゃないかな」

なお虐待する親が、きょうだい間で差をつけるケースはよくあります。巷では親にかわいがられる子を「愛玩子」、いじめられる・虐待される子を「搾取子」と呼ぶようですが、このケースでいうと、葵さんが「愛玩子」、妹が「搾取子」にあたるでしょう。

結局、母親と継父は2年ほど別居していましたが、葵さんが中学2年のとき、再び同居することに。葵さんは、親の別居中に通っていた中学校がとても楽しかったため、「また戻る」といわれたときは、とてもショックだったそう。

最終的に母親は、葵さんが高校1年生の春に、二度目の離婚をしたということです。

＊いまも残る妹と父への罪悪感

当時の記憶が断片的にしかないのと対照的に、いまも葵さんのなかに強く残っているのは「罪悪感」だといいます。

ひとつは、妹への罪悪感です。先ほども書いたように、葵さんは両親が離婚するとき、どちらの親と暮らしたいか聞かれて「母親」と答えましたが、当時妹は3歳くらいだったため意見を聞かれず、葵さんと一緒に母親と暮らすことになりました。しかし妹はその後、母の再婚相手から虐待されることになったため、葵さんはそれを、「自分が母親と暮らしたいといったせいだ」と考えてしまったのです。

継父による妹への虐待が葵さんの記憶から抜け落ちているのは、もしかするとそのせいでしょうか。加害の意識がつらすぎて、無意識に忘れることを選んだのかもしれません。

もちろん、妹が虐待を受けたのは葵さんのせいなどでは全くないのですが。また葵さんだけが継父からかわいがられたことも、妹への罪悪感につながっているように感じられます。

実父に対しても罪悪感があるといいます。葵さんはもともとお父さん子で、一緒に暮らしていたときはとてもかわいがられていました。父親は、葵さんだけを連れて遊びに出かけることもあったそう。

そんな父親が、泣いていたのです。いつのことかは思い出せません。葵さんが「母について いく」といったときだったのか、あるいは最後に別れるときだったのか。このときに見た父の涙が、彼女に影をおとしているようです。

「子どもにとったら、どちらも親なわけですよ。親同士は他人だけれど。それを『どうする?』って聞かれても、選べるわけがない。だから私は、子どもに選ばせるっていうのは、絶対にダメだよねと思いました」

子どもに選ばせるのは残酷だから避けるべきだ、という話は、非常によく聞きます。でも、本当に「絶対ダメ」なのでしょうか? 逆に「もし聞かれなかったら、もっと嫌だった」という声も私は聞いたことがあるので、ちょっと頷きかねます。

「子どもの意思も、尊重される必要があるのでは?」と私が尋ねると、葵さんはしばらく考え込んでしまいました。

「そうですよね……、どうすればよかったのかな。私も『相手は子どもだから、何もわからないだろう』と大人に勝手に決めつけられるのは嫌だったんです。だから、聞くのはいいのかもしれない。ただし、ちゃんと説明をしてほしかったですよね」

もし本人に選ばせるのであれば、その後に生じる出来事が本人の選択のせいではないと、大人がきちんと説明すること。あるいはもし、既に決まっていることで、子どもに選ばせないのであれば、なぜ大人たちがそのような結論に至ったか、きちんと説明することが必要だったのではないでしょうか。

子どもに説明もせずに選択をさせたうえ、自分の涙を見せて被害者のようなふりをする父親のやり方は、とても暴力的に感じられます。そのせいで、何の落ち度もない葵さんがどれだけ苦しんだかと思うと、聞いている私のほうが恨めしい気持ちになります。

＊幼少でも説明が欲しかった

当時どんなことが必要だったと思うか尋ねると、こんなふうに話してくれました。

「いま思うのは、母でも父でもいいから、子どもが納得できるような説明をしてほしかったということです。あとで私が母に聞いたら、『最初から自分が2人を引き取ることになっていた』といっていましたが、だったら父はなんで『どっちと暮らしたいか？』なんて聞いたのかなと。私の罪悪感は、それで生まれたので。

よく『小さい子どもに説明しても、どうせわからない』などというけれど、そんなことはないでしょう。考えなければいけないのは『その伝え方で合っているのか？』というところですよね。『いまのその子がわかるレベルで説明すること』は、相手が何歳でも可能なはずです」

そしてもうひとつ、当時「気持ちを聞いてくれる大人がいてほしかった」ということも、強く感じているといいます。もしあの頃、周囲に彼女の話を聞いてくれる大人がいれば、これほど長い間自分を責め続けることにはならなかったと思うからです。

消えたままの過去の記憶については、「思い出さなくていい」と彼女はいいます。

「思い出しても何か変わるわけではないし、嫌なことだったらやっぱり思い出したくないから」

葵さんも、間接的ではありますが、やはり虐待を受けたひとりなのでしょう。

＊＊＊＊＊

虐待を受けた人たちに話を聞くことは、以前から決めていましたが、実際に一対一で会うのは、少し勇気がいることでした。特にいちばん最初、秋本蓮さんの取材では、妙な話ですが、「どんな顔をして話を聞けばいいのか」ということにも頭を悩ませました。何しろ虐待の話です。悲しい顔で聞くべきなのか?

でも、私と彼女もただの初対面の人間同士です。私は彼女に会えてうれしいし、話を聞かせてもらえることに感謝している。だったらやっぱり、ほかの取材と同様に笑顔で気持ちを伝えたいと思ったのです。結局私はいつも通りに取材しました。

先に書いた通り、丸山なつきさんを取材した際も、泣いたり笑ったりでした。彼女いわく「笑い飛ばさないと、自分がもたない」とのこと。聞くと、病院で行われる薬物依存の自助会も、「こんなことしちゃって」と、毎回みんなで大笑いになるのだそう。意外な感じもしますが、でもよくわかる気もします。笑いはつらい人生を生きていくうえで大きな力になるものです。

虐待を受けた彼女たちの人生にも、虐待を受けた以外の部分がたくさんあります。みんな私たちと同じように、日々笑ったり怒ったり悲しんだりしながら生活していて、たぶん私たちのすぐ近くにも、彼女たちと同じような経験をした人たちが「ふつう」に生活しているのです。遠いところにいる特別な誰かの話ではないのだということも、伝わってほしいなと思います。

第５章

世間は関係ない

取材の時期……	Case12	2019年４月
	Case13	2019年１月
	Case14	2019年８月
	Case15（番外編）	2019年８月

いわゆる「ふつうの家族」とは違う環境で育つ子どもたちは、その状況をどう受け止めているのか？

比較的よく聞くのは、幼少期は気にしていなかったものの、だんだんと大きくなり「世間の目」に気付くにつれて、「ふつうと違う」「変わった」環境を、「恥ずかしい」「おかしい」「嫌だ」と思うようになったというパターンです。

繰り返し書いてきたとおり、こういった子どもたちは、世間から「かわいそう」と思われるせいで「かわいそう」になっていることが少なくありません。もともとは満足して暮らしていたのに、周囲から「変だ」「間違っている」と決めつけられる経験をして、自分の家族や環境を否定的に感じてしまう子どもも、意外と多いのです。

この章に登場するのは、いわゆる「ふつう」とは違う環境に育った人たちです。一人目は共同保育のなかで育った萌《めぐむ》さん、二人目は自由な両親をもった中山あゆみさん（仮名）、三人目は親が牧師だった諸田ひかりさん（仮名）です。

彼女たちはなぜ、その「ふつうじゃない」環境をポジティブに受け止めたのか？　ときにそれを阻んだものは、何だったのでしょうか。

Case 12

「共同保育」のシェアハウス「沈没家族」で育った子ども

1990年代半ば、東京の東中野で、ひとりのシングルマザーが〝共同子育て〟の試みを始めました。「いろいろな人と子どもを育てられたら、子どもも大人も楽しいんじゃないか」と考えた当時23歳の加納穂子《ほこ》さんが、ビラをまいて「共同保育人」を募り、集まった10人ほどの人々でシェアハウスのようなもの――〝沈没家族〟と命名――を始めたのです。

新しい「家族」のあり方として注目を集め、当時は新聞やテレビなどでよく取り上げられたのですが、最近再び脚光を浴びています。穂子さんの息子、加納土《つち》さんがこの共同生活を捉えなおすドキュメンタリー映画『沈没家族』を制作し（2017年）、以来あちこちのミニシアターで上映が続いているのです。

血縁でも何でもない雑多な人々が集まり、〝よその子〟の面倒をみながらワイワイと生活を共にする。「楽しそう」と思う人と「何だか心配」と思う人と、両方いるかもしれません。何しろそんな家族は想像ができない、という人も多いでしょうか。

「沈没家族」で暮らした母子は3組いたそうですが、子どもたちはこの生活を、本音でどう思っていたのか？　世間で心配されるように「かわいそう」だったのか？

今回、4歳から10歳までの6年間を「沈没家族」で過ごした萌さんに、当時感じたことや、いま思うことを、聞かせてもらいました。

＊沈没ハウスの飾らざる日常

両親が離婚したのは20数年前、萌さんが4歳のときでした。この頃、母親のしのぶさん（カウンセラー名は高橋ライチさん）は加納穂子さんと知り合い、共同保育の試みに共感して、一緒に住むことを提案します。これを機に、沈没家族は手狭になっていたアパートを離れ、3階一戸建てに移住することになりました。のちに〝沈没ハウス〟と呼ばれる、賃料約4万6千円の物件です。

部屋は全部で5つあり、2～3組の母子と数人の若者たちが住んでいました。居住していない人も含めると、多いときは20人を超えるメンバーが出入りしていたといいます。萌さん母子は、沈没ハウスで最も広い10畳の部屋に住んでいました。

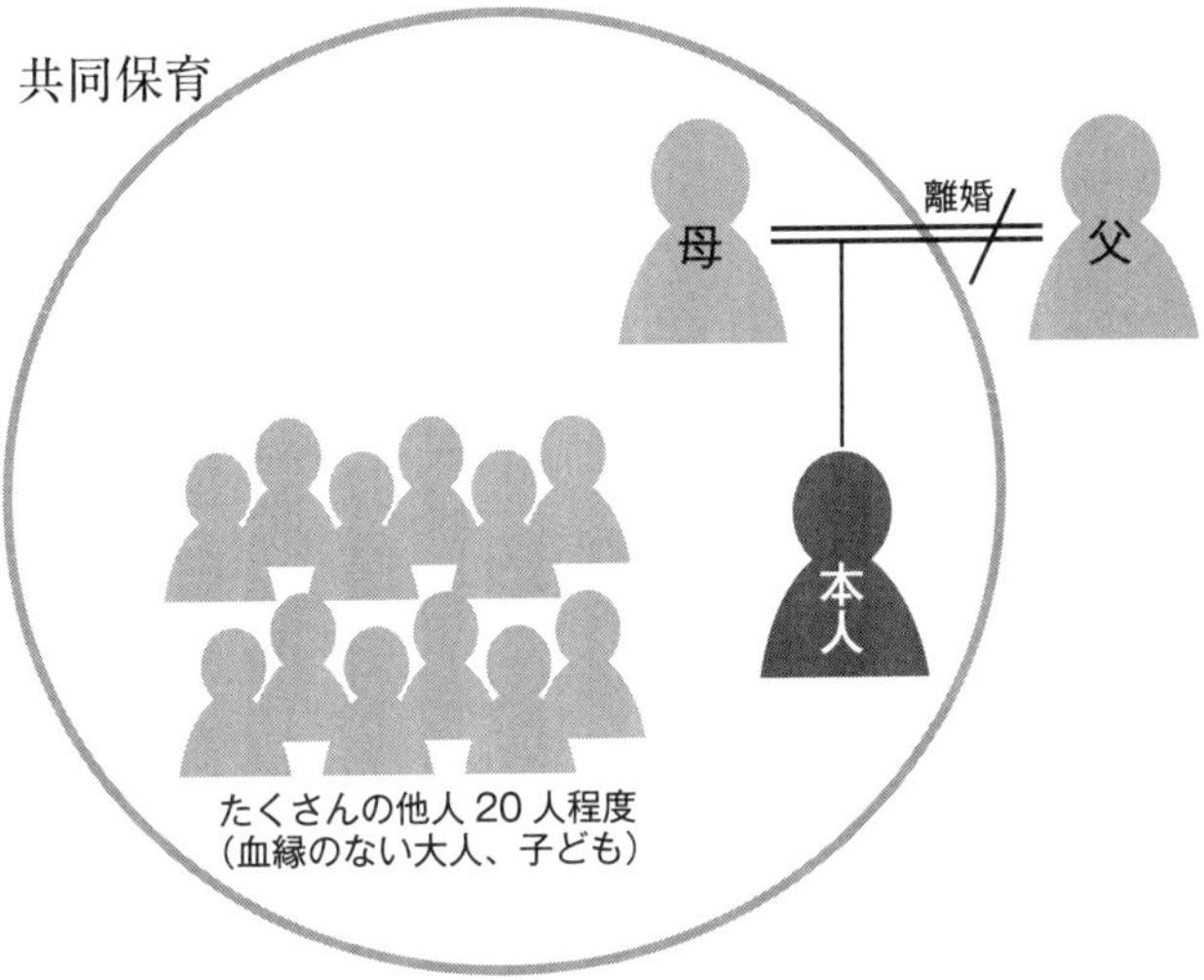

「印象としては、めっちゃボロくて汚い(笑)。別に嫌だったわけじゃなく、それがふつうの状態と認識していました」

ここに集っていたのは、血縁でも仕事仲間でもなく、しのぶさんと同様に「沈没家族」の理念に共感した人々です。単身の人もいれば、子どもがいる母親もいたし、男性も女性もいました。

住人たちは、家賃を部屋面積で割って負担し、食費などは皆でカンパして出し合っていました。居候で、リビングに雑魚寝している人もいたようです。

大人たちは毎月会議を開き、子どもたちの母親が仕事でいないときに誰が面倒をみるか、担当を決めていたそう。でも、子どもは少し違った受け取り方をしていたようです。

「周りの大人たちが、あまり〝大人らしい大人〟じゃなかったんです。先生みたいではない。大人ってたぶん、子どもにダメなところを見せられなくて、自分が規範とならなきゃ、みたいな感じで子どもと接すると思うんですけれど、そういうところが全然なくて、完全に素。酔っぱらって、その辺に転がっている人がいたりして（笑）。

だから（大人たちが）保育をしに集まっているとは思わなかったですね。お母さんとかのお友達が、ただ遊びに来ているものだと思っていました」

子どもの目に映った飾らなすぎる大人たちの様子が目に浮かんでちょっと笑ってしまいますが、生活の場だったわけですから、それはそうなるよね、という気はします。子どものほうも、自分のために親や大人が無理をしていると感じると重荷でしょうから、素の様子を見られるくらいでちょうどよかったのかもしれません。

＊親以外に甘えられる場があった

「一番よかったのは、家の中で、親以外に甘えられる場があったことだと思います。いわゆる〝ふつう〟の家庭でも、お母さんが感情で子どもを叱ってしまうことはあるじゃないですか。そういうとき、親でもきょうだいでもない赤の他人が客観的に見て『しのぶさん、それはちょっとおかしいんじゃない？』とか、『めぐはちゃんとそれ、やってたよ』とか、フォローしてくれる。育児の相談をできる人が周りにいるのは、たぶん母にとってとても大きいことだったんじゃないかなと。

子ども1人に対して大人がたくさんいる、という環境はすごくいいと思うし、大事なこと。家族という形じゃなくてもいいので、いろんな子どもたちにその環境があればいいなと思います」

母親は夜仕事に出ることがあったため、夜中に目が覚めて母がいなかったときは寂しかったそうですが、「リビングに行くと必ず誰か大人がいて構ってくれるのも、すごくありがたかった」といいます。

いま萌さんは漫画を描く仕事をしているのですが、これも当時、沈没家族にプロの漫画家さん（藤枝奈己絵さん）が共同保育人として暮らしていたおかげだそう。

「昔から絵を描くのは好きで、藤枝さんが漫画を描いているのを見て、漫画ってこういうふうに描くんだ、って知りました。原稿に消しゴムをかけたり、トーンを貼ったりするのを手伝わせてもらって、超楽しかったですね。私の漫画描き人生の原点です」

逆に沈没ハウスで嫌だったのは、家が汚かったことと、トイレの臭いでした。これは多人数での共同生活に伴う宿命かもしれません。そのため、あまり友達を家に呼ぶ気になれなかったそうですが、理由はもうひとつありました。「みんなで共有する家」という認識だったため、誰に許可をとればいいかわからなかったのです。

「沈没家族は大好きでした」

慎重に言葉を選ぶ彼女の口からその言葉が出たのは、話を聞き始めて、だいぶ経った頃でした。「まあまあ、よかった」くらいかなと思っていたので、一瞬驚いてしまいました。

「もちろん、大好きでしたよ。むしろ大好きじゃないと思ったことがない（笑）。当たり前すぎて、言葉にしていなかったですね」

変わったおうちで育ってかわいそう、という世間の決めつけは、少なくとも沈没家族で育った萌さんにとっては、全く的外れだったのでした。

＊ショックだった父の言葉

沈没ハウスを出たのは小学4年生のときでした。父方の祖父が亡くなったため、萌さんは母親の元を離れ、父親とともに、祖母ひとりになった実家へ移ったのです。

「父親について田舎に行くのがどういうことか、このときは全然わかっていなくて。いざ引っ越してから寂しいなと思って、ふさいだときもあります。隣には叔母夫婦といとこ3人が暮らしていたので、それはそれで楽しかったんですけれど」

萌さんはその後、父親がふと口にした言葉に傷ついたといいます。

「『めぐを早くあの環境（沈没家族）から救い出したかった』といわれたことがあって、それはショックでした。沈没にいたときも父とは毎週末会っていたんですが、何もいわれたことがなかった。『いままでずっとそう思ってたんだ』と思うと、裏切られたみたいな気持ちになって。自分が否定されたというより、母親の考え方を否定された感じです。

父はけっこう世間体を気にするタイプなので、出入りしている大人たちのことが気に入らなかったんだと思います。大学を出てから定職に就いていない人が多かったので、〝社会不適合者の集まり〟みたいに思っていたのかも」

人を肩書きで見る人は少なくありませんが、自分にとって大切な人たちを悪くいわれるのは悲しいことです。しかもそれを思っているのが自分の親で、悪くいわれるほうに、他方の親が含まれているというのは、萌さんにとってつらいことでした。

「離婚家庭とかで育った友達は、よく『もう一方の親の悪口を聞いているときが一番つらい』っていいますけれど、それと同じです」

なお、萌さんが最も寂しさを感じたのは、沈没家族とは関係なく、妹さんが生まれた時期だったそう。母親には新しい夫と子どもができ、『私はもう必要じゃないんだろうな、家族の中心ではないんだろうな』と感じてしまったのです。

その後、大学に進学して東京で生活したときは、「また母と一緒に暮らせるのが嬉しかった」ということです。

*もしやるなら期待値を上げない

私は映画『沈没家族』を二度観たのですが、どちらのときも客席は超満員で、集まった人々の空気は独特でした。お客さん同士の心の垣根が妙に低く、誰もが「隙あらば隣の人と会話を始めたい」という雰囲気なのです（実際けっこうしゃべりかけられました）。

じつはいまの世の中にも、沈没家族のような人とのつながりを求める人が少なからずいることを肌で感じたのですが、それは現実に可能なことなのか？

「沈没家族は、シングルマザーだった当事者が本当に困って助けを呼んでできた、最低限の環境でもあったと思うんです。母の場合、一刻も早く子どもをみてくれる存在を見つけないと働きにも出られないし生活がやばい、というところから入っていて。

でもいま、これからそういう試みをしようとしたら、『子どもにとって一番いい環境とは何か』みたいなことを考えて、どんどんハードルが上がっていくと思うんですよね。それこそネットで批判されたりして、無理かもしれない。

もしやるんだったら本当に、期待値を上げないほうがいいと思います（笑）。沈没家族はあのメンバーだったからああいうふうになったけれど、ほかの人がやるなら、その人なりの形になると思いますし」

すでにある形や、頭にある形を目指すのではなく、そのときのメンバーが望む形を探ることが、一番大事なのかもしれません。

「ただ、悲観的に思う必要は全くないし、そういう試みの中で育とうとしている子どもがいても『かわいそう』と思う必要は全然ない、ということは主張したいです。当事者にとっては唯一無二の家族であり、自分の育ってきた環境です。それを『かわいそう』と思う人がいるから、『かわいそう』になる。だから、やりたい人がいるならやればいいと思うし、周りも応援してあげてほしい、とは思います」

数年前にフィンランドで現地の男性と結婚した萌さんは、この春、身体を壊した父親のため帰国することになり、しばらくは日本にとどまる予定だそう。夫とは遠距離別居の状態ですが、「かわいそう」などという言葉は不要です。

彼女はこれからも、その時々に合った生き方を、形に縛られずに選んでいくのでしょう。

Case 13
結婚撤回で初めて親を恨んだ憎めなかった父、自由に生きる母へ

はためには似たような家族や環境でも、中身は想像以上に異なります。

いわゆる「ふつうの家族」でも、すくすく平和に育つ人もいれば、毒親に苦しめられて育つ人もいますし、いわゆる「ふつう」と異なる環境でも、親や周囲を恨んで生きる人もいれば、のびのびと人生を楽しむ人もいます。

その差は、いったいどこから生まれるのか？　私自身が離婚して、ひとり親というある種イレギュラーな存在になってから、ずっと考えてきたことのひとつです。

今回話を聞かせてもらった中山あゆみさんは、ちょっと変わった自分の家族を、愛おしく感じてきました。しかし以前、付き合っていた男性から両親の離婚や母親の信仰などを

理由に結婚の提案を取り下げられ、30数年間の人生で初めて「スティグマ（世間による個人への負の烙印）を背負わせてくる社会に憤りを感じた」といいます。

公務員としてコツコツと働きながら、最近信頼できるパートナーと婚約したあゆみさんに、お話を聞かせてもらいました。

＊親の離婚と異父きょうだい

両親がいつ離婚したのか、正確なことはわかりません。父親が帰ってくる日がだんだんと減り、いつの間にか「お父さんの家」が別にできていました。別居かと思っていたら、ある日母親が「うちは離婚したのよ」と知り合いに話しているのを耳にしたのが、小2か小3のときです。

当時中学生だった7歳上の姉や、母親の話を断片的につなぎあわせると、離婚原因はどうやら父親の浮気と、会社の倒産でした。母親と折り合いが悪かった祖母が、あゆみさんたちと一緒に暮らすようになったのも、父親が母の実家の土地を担保に入れていたせいだったらしく、はっきりしないものの「いろいろあったよう」です。

間もなく母親が妊娠します。相手が誰だったのか、あゆみさんは知りません。思春期だった姉は、そのことで母と多少ぶつかったようですが、姉妹とも生まれてきた妹のことはかわいがっていました。でもその後、妹との距離は次第に離れていきます。

「妹はおばあちゃん子だったんですが、祖母が『かわいそう、かわいそう』といって、わがまま放題に育ててしまって。でも、何か悪いことをしたときは『うちの血じゃないね』などという。ちょっと歪んだ愛情でした。いま思えば、妹もひとりだけ父親がいなくて、もしかすると複雑な思いがあったのかもしれません。でも姉や私とは年齢も離れているうえ、気も合わないので、遠巻きになってしまいました」

ひとり親家庭の子どもは周囲から、とくに祖母から「かわいそう」と刷り込まれることがよくありますが、これは子どもにとっては迷惑なことです。「かわいそう」と認識させられた子どもは、自分をそんな状況に置く親や周囲を恨むことになってしまいます。

＊前向きな母と、女性に弱い父

母親はある宗教を信仰していましたが、子どもたちに押し付けてくることは一切ありませんでした。

「母は自分で学習塾を立ち上げたり、ほかにもいろいろと謎の仕事をしていました。裕福

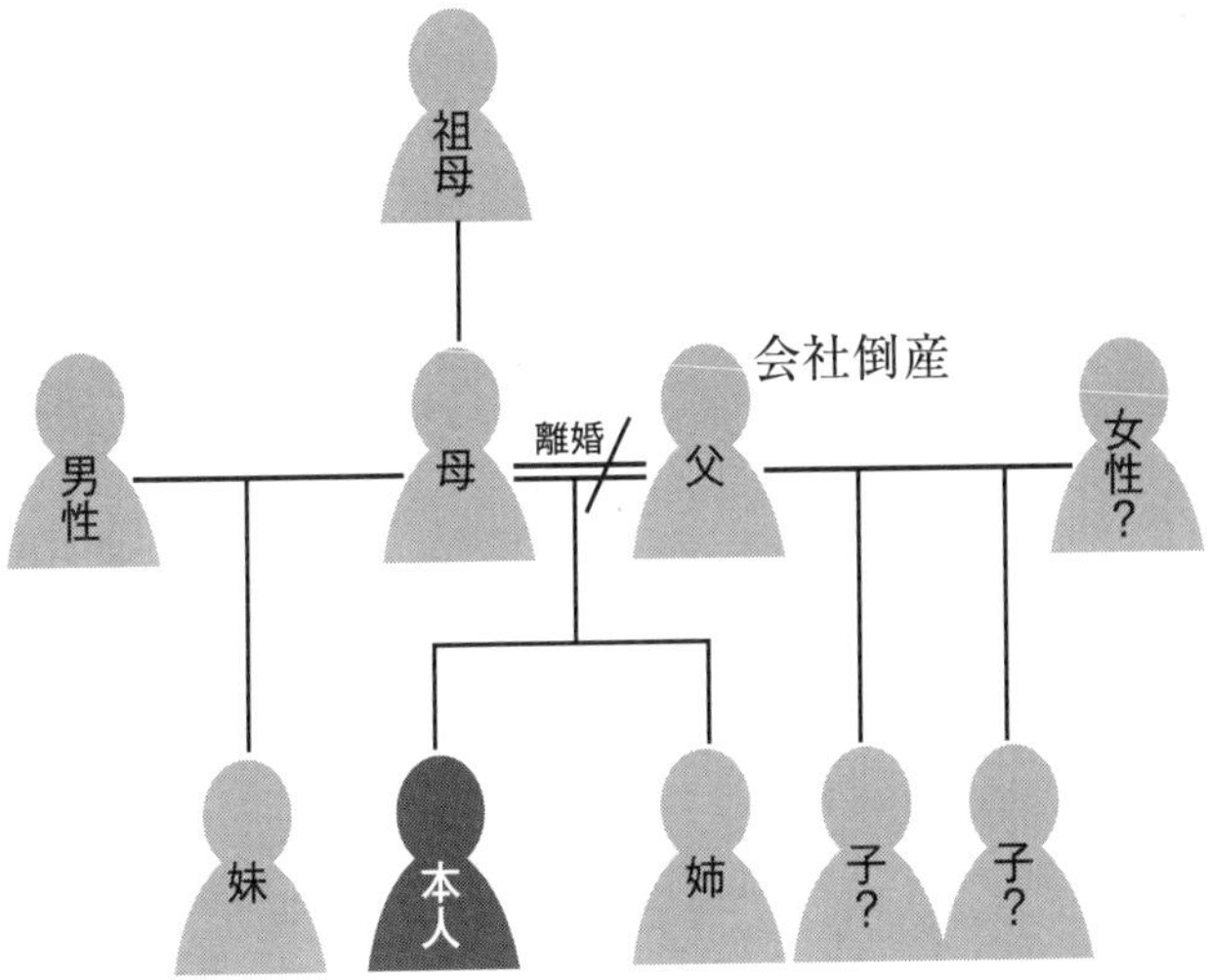

な実家に育ち、離婚して急に無一文のシングルマザーになってしまって大変だったと思うんですけれど、『まあ何とかなる』みたいな感じでした。

宗教を信じていたせいもあるんじゃないかと思います。『祈っていれば何とかなるでしょう』みたいな気持ちがあるんでしょうね。なかには宗教にのめりこんで、悪いほうに行ってしまう人もいますけれど、母はいいほうに行ったのかな」

父親は近所に住んでいたため、学生の頃までは年に何度か会っていました。中高生のときは、父親から学費をもらってくるよう母親にいわれ、頼みに行ったこともあります。お金がないときは「ないよ」と断る父でした。

その後、父親にも子どもができたようですが、実子かどうかはあいまいです。昨年父親は病気で亡くなってしまったのですが、遺品の携帯電話にはフィリピンの女性から何度も連絡が入っていました。履歴を見ると、どうも子どもが2人いたようです。父親は生前にも「子どもがいる」と口にしたことがあり、話は一致しますが、その女性とは結婚しておらず、認知もしていないため、実子だと証明するものは何もありません。

「父もちょっと変わった人で、離婚後にうちの母が産んだ妹にもお年玉をあげていました。自分の子どもじゃなくても、子どもを抱えて苦労している女の人が迫ってきたらお金をあげちゃうような人だから、（父の実子か相手の連れ子か）よくわからないんです。ほかにもパブみたいなところの方からいっぱい連絡が入っているので、もしかすると、ほかにも子どもがいるかもしれないですし（笑）」

女性には弱かったものの、優しい人だったのでしょう。しかし、困った面はまだありました。お金です。

「私が社会人になってからは、ちょこちょこと『お金を貸してくれ』といってくることがありました。父は特殊な資格をもっていたのでけっこう稼いでいたはずですが、女の人にばらまいたりして、すぐ使っちゃうんですよ。お金が入ると返してくれたり、おいしいお寿司をごちそうしてくれたりもしたんですけれど、私が貸したお金がそういうところ（女性たち）に使われていたと思うと、ちょっと複雑な気持ちはあります」

父親の弱さもよくわかりつつ、愛情のある話し方です。あゆみさんはこんなふうに、母親のことも父親のことも「個性的な面白い人」と捉え、大切に思ってきました。

＊互いの選択を尊重してきた

もしかすると、表面だけを見たら「よからぬ家族だ」と思う人もいるかもしれません。父親の浮気や事業失敗、両親の離婚、その後の親たちの恋愛事情、父から娘への借金の申し入れ――似たような境遇に置かれ、親を恨み、苦しんできた人も世の中には多いでしょう。

なぜ、あゆみさんはネガティブにならず、こうもカラリと親を好いているのか？　あれこれ聞くうちに、なんとなくわかってきた気がしました。

まず、母親も姉もあゆみさんも、とてもマイペースです。「家族でもお互いに干渉せず、好きにやりましょう、みたいな感じ」で暮らしてきたそう。

「姉もそうでしたが、妹が生まれたときも『え？　こんなお金のない時期にもうひとり子どもを産んでどうするの？』みたいな気持ちはありつつも、『でも、お母さんがそうしたいんなら、そうすれば』という感じでした。母はシングルマザーになる選択をしましたけれど、子どもが不自由な思いをしないように、最大限に努力しているのを見てきたので」

相手を尊重するし、自分のことは自分でする。自分の言動の責任は自分でとる。あゆみさんはずっと、そういう文化で育ってきたのです。

「私や姉も、自分の選択や好みを尊重されてきたな、と思います。たとえばランドセルも、まだ赤と黒以外がとても珍しかった30年前に、姉は自分で選んだスカイブルーのランドセルを背負っていました。私は無難に紺を選びましたけれど（笑）。

それから、私は子どものとき運動会が大嫌いで『もう絶対、運動会には出ない！』といったことがあって。すると母は『そう、あなたは運動会が嫌いなのね。嫌なら仕方ないけど運動は身体にいいのよ』といって、連絡帳に『この子は出られないといっているので、出ません』と書いて休ませてくれました。いま思うと、そんな親も珍しいかなって（笑）」

いいお母さんではないでしょうか。「甘い」という人もいるかもしれませんが、日本人は大体、やらなくてもいいことを我慢してやりすぎて、勝手に苦しんでいることが多すぎるのです。周囲に合わせるより、もっともっと大切なことがあるんだということを、あゆみさんは母親の背中から学んできたのでしょう。

「姉も変わった人で、のんびり屋なんです。私は両親を見て『堅実に生きねば』と思って公務員になりましたが、姉はほとんど就職活動もしていません。でも怠け者なわけではなく、ある店でもう10年以上働いていて、始発で出て昼に帰ってきたら、午後は家で編集の仕事もして、ふつうに長時間労働です。正社員の、条件のいい話も何度かあったんですが、断ってしまった。姉の口癖は、『長生きしたい』です」

「結婚したい」でもなく「金持ちになりたい」でも「認められたい」でもなく、「長生きしたい」――。これ以上、人生にポジティブな願望があるでしょうか。お姉さんは生きているだけで幸せを感じることに、とても秀でた人なのかもしれません。

お母さんやお姉さんのエピソードを聞いていたら、あゆみさんが自分の育った環境を肯定的に捉えているのは、なんとなく当たり前のように思えてきました。

＊初めて感じたスティグマ

あゆみさんが初めて、そして唯一、自分の家族に「恨みのようなもの」を抱いたのは、以前付き合っていた人から結婚の提案を取り下げられたときでした。

「ネットに書いてある陰謀論をそのまま信じるような人で、母が信仰する宗教に関するデマを見て『危険だ』といい出したり、シングルマザーで苦労しながら私を育ててくれたことも宗教マネーに絡めて曲解してしまったりするんです。『本当にデマを信じる人っているんだな』と思ってびっくりしたんですけれど（苦笑）。もともと『サラリーマン家庭以外は異端』みたいな価値観の家庭で育った人で、親御さんの影響が大きかったと思います。

スティグマに初めて生身で触れると、私もちょっとだけ内面化してしまうんですよね。自分の結婚がうまくいかない、という体験をして、初めて親がしたことを『なんか嫌だな』と思ってしまった。そんなふうに感じる自分も嫌だったし、同時に、スティグマを背負わせてくる社会にも憤りを感じました」

それにしても。あゆみさんはなぜ、そんな偏見のある男性と結婚を考えたのか？　疑問に思って尋ねたところ、もとは相手のほうからあゆみさんを好きになり、結婚も彼のほうからいい出したのだといいます。

「親が離婚していることにすら嫌悪感をもつ人もいるので、付き合う前に家庭の事情は伝えました。なので、なんで私と付き合おうと思ったのか、結婚をもち出してきたのか不思議ではあります。私のほうは『人間は完璧じゃないし、違う部分も認め合えればいいな』

くらいの気持ちで付き合ったんですけれど、やっぱりダメでしたね」

おそらく相手の男性も、偏見をもちながらも、「偏見を乗り越えたい気持ち」も、同時にもっていたのではないでしょうか。

冒頭にも書いたように、あゆみさんはいま、新たなパートナーと結婚を約束しています。前の彼と結婚しなくて本当によかったと思ってはいるものの、それでもあのとき「わかり合えなかったこと」については、いまだにどこか、歯がゆい気持ちがあるようです。

考えの違う人間同士が認め合い共に生きていくことは不可能なのか？　彼女も私も、そうは思いたくないのですが。

Case 14　家が教会、親が牧師　自分で選び直すまで

いろんな環境に育った人にお話を聞かせてもらおうと取材を続けてきましたが、「牧師家庭に育った人の人生」というのは、今回連絡をもらうまで想像したこともありませんでした。

牧師、と聞いて頭に浮かんだのは、昔アメリカのＴＶドラマで見たまじめそうなおじさんですが、その人には子どもはいませんでしたし、筆者が数十年前に偶然通った幼稚園もキリスト教の系列でしたが、牧師さんはほとんど見かけませんでした。牧師さんの親をもつ子どもの日常は、ちょっとイメージが湧きません。

連絡をくれた諸田ひかりさんは、数年前に洗礼を受けてクリスチャンになりましたが、小さい頃は周囲から特別な目で見られることが多く、とても嫌だったといいます。

待ち合わせたのは、関西のある街の明るいカフェでした。ひかりさんは話すことに集中しており、運ばれてきたにぎやかなスイーツにさえ、あまり気が散らない様子でした。

＊「ふつう」がうらやましかった

小さい頃ひかりさんは、家が教会であること、親が牧師であることが嫌でたまらず、「ふつうの家庭の子がうらやましい」と感じていたそう。

たとえば、周囲は親がサラリーマンで土日やお盆が休み、という子が多かったのですが、教会では毎週日曜に礼拝があり、土曜日はその準備にあてられていました。週末に家族で出かけることはかなわず、夏休みに祖父母の家に行くときも土日を避けるため、いとこにも会えませんでした。

休み明け、友達が「どこに出かけた」とか「いとこと遊んだ」などと話しているのを聞くと、うらやましく感じたそう。いまとなれば、土日やお盆が休みではないおうちも世の中にはたくさんあるとわかるのですが、当時、周囲にはたまたまいなかったのです。

ほかの子たちから「豪邸に住んでいるお金持ちの子」と誤解されるのも恥ずかしかったといいます。一家の住まいは教会と一体化したつくりで、玄関も2つあったため、よく「おまえんち、でかいよな！」などといわれていたのです。

お金に困る状態ではなかったものの、「お金持ち」というわけではなかったので、ひかりさんはとても心地悪く感じていたといいます。褒められていい気分になってもよさそうですが、そういう人柄ではなかったのでしょう。周囲から「お嬢様」と思われるのも、「本当は木登りとかするほう」だったので、「違うのに」と感じていました。

周りの人たちから、キリスト教、あるいは宗教へのちょっとした偏見を感じることもありました。たとえば、地域向けのイベントをやるときに友達に声をかけたところ、「うちの親が『勧誘されるんじゃないか』と心配している」といわれてしまったり。

歴史の時間に宣教師のことを習ったあとは、あだ名を「(フランシスコ) ザビエル」にされてしまったり。これはもちろん、今では笑い話ではあるのですが。

「そもそも日本のキリスト教徒って、1%くらいといわれているんです。宗教としてはよく知られているけれど、人数としてはものすごく少なくて」

え、それだけなの？　と驚きましたが、確かに私の周囲でも、ぱっと思い出せるクリスチャンの友人は数人程度です。2018年の『宗教年鑑』によると、キリスト教徒は約192万人。日本の総人口が約1・26億人ですから、計算すると1・5%程度になります。

幼少時代、家や宗教のことに複雑な思いはあったものの、親にはあまりいえなかったそう。その後、中学、高校時代は、教会とはやや距離を置くようになり、大学を受験するときも「キリスト教系じゃないところ」を敢えて選んだのでした。

＊家族同然だった教会員の人たち

そんなひかりさんは、大人になって自らの意思で洗礼を受けたといいます。いったいなぜだったのか。

最も大きなきっかけは、両親の引っ越し、すなわち牧師である父親の「異動」でした。意外なことに牧師さんの世界には「異動」があるそうで、短いと5年ほど、長いと彼女の

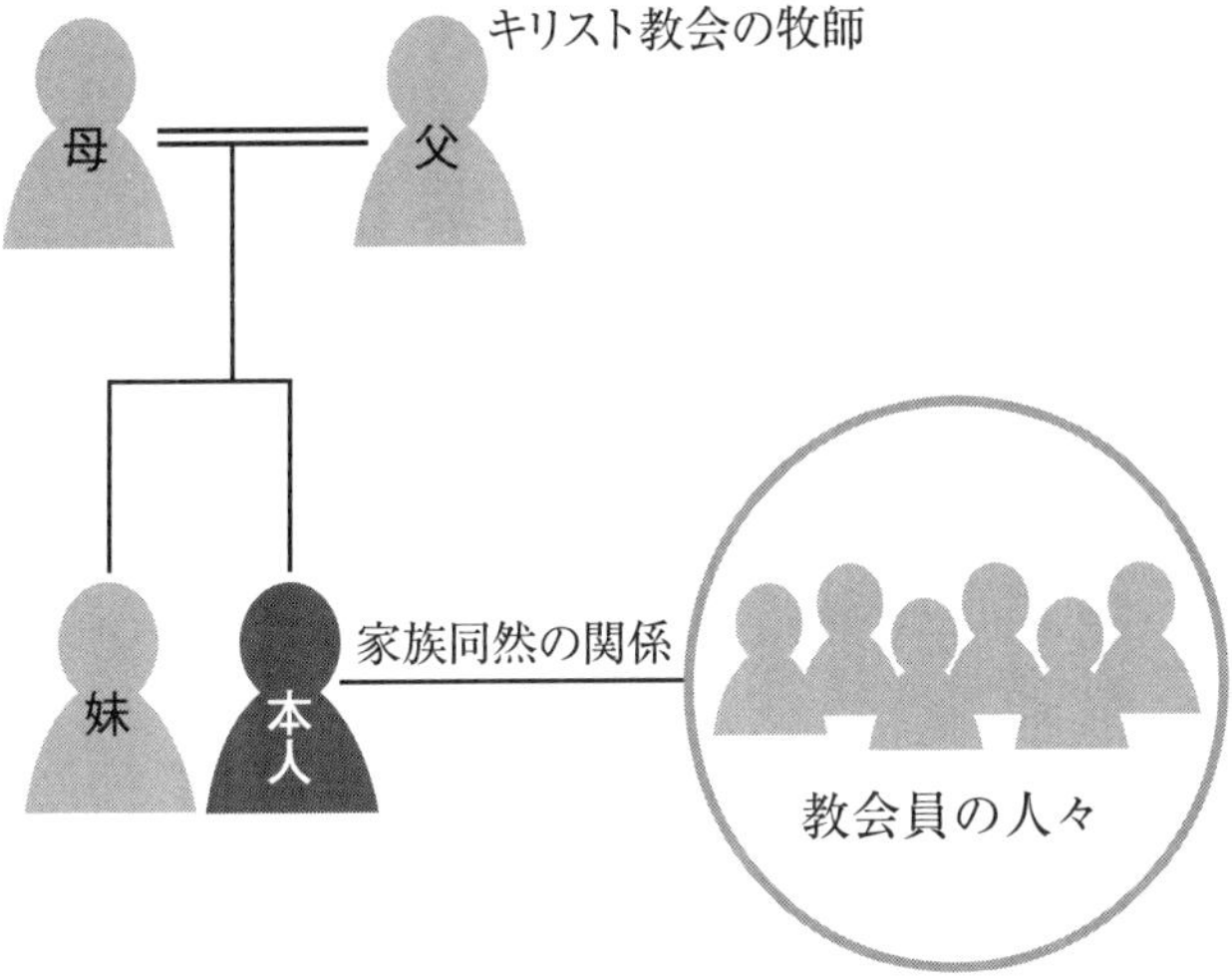

父親のように十数年程度で、受け持つ教会が替わるのです。

教会にはいつでも教会員（その教会に籍を置く信徒）さんたちが出入りしていたため、ひかりさんはずっと、この人々を家族のように思って暮らしてきました。学校から帰るといつも、おばちゃんたちが集まって「奉仕活動」をしており、彼女たちに裁縫やお菓子作りを教えてもらったり、おやつのつまみ食いをさせてもらったりしていたそう。

日曜の礼拝中は、いつも中学生、高校生のお姉ちゃん、お兄ちゃんたちが小さい子どもたちと遊んでくれて、ひかりさんも大きくなってからは、年下の子どもたちを妹、弟のようにかわいがってきました。

「キリスト教は嫌だけど、そこに来ている人たちはとても好きだった」のです。

そんな「実家」のような場所が、父の異動によって突然消失してしまう事実に、ひかりさんはおののきました。慣れ親しんできた教会に、家族同然の信徒さんたちはみんな残っているのに、自分たち一家だけがそこから去らなければいけないのです。

「このままだと、みんなとのつながりが断たれちゃうと思って、それで洗礼を受けたんです。動機が不純かもしれないですけれど。正式にクリスチャンになって、その教会の教会員になれれば、うちの親が別の教会に移っても、私はずっとつながりを持てるので」

かくしてひかりさんは、今では毎週日曜、以前住んでいたその教会を訪れているそう。毎回「お母さん、お父さん、元気？」と聞いてくれる信徒のおばあちゃんがいることや、昔彼女の面倒をみてくれたおばちゃんたちが、今でもひかりさんのことを気にかけてくれることが、とても支えになっているといいます。

なお、ひかりさんの洗礼において最もよかったのは「自分で選べた」点でした。キリスト教では、本人の意思にかかわりなく、親が幼児洗礼を受けさせてしまうことがよくあるのですが、お父さんは娘のひかりさんに、それをしなかったのです。

というのは、お父さん自身も父親（ひかりさんのおじいちゃん）が牧師で、幼児洗礼を受けさせられていたのですが、父親はそれがものすごく嫌だったため、自分の子どもには同じことを決してすまい、と心に決めていたのです。

お父さんがひかりさん自身の決断を待ってくれたことに、彼女はとても感謝しているといいます。「もし無理やり決めさせられていたら、今ごろ絶対、教会に行っていないです。自分で決めたから、今こうやっていられる」と話します。

*「いろんな子がいる」に理解を

ひかりさんに、いま振り返って、小さい頃にどんなふうだったら悩まずに済んだと思うか？　と尋ねると、２つのことを話してくれました。

ひとつは、同じ「牧師の子」という立場の人たちと、もっと小さいときに会えていたらよかった、ということ。彼女は大学に入ってから、ようやく同じ「牧師の子」――PK《ピーケー》（Pastor's Kids の略）と呼ばれるそう――と知り合うことができたのですが、話してみると、共通する体験や思いがたくさんあることがわかったからです。

たとえば、日曜日の朝は毎週礼拝のため、ほかの子たちがみんな見ているアニメ番組を見られなくて悔しかったこと。父親（牧師）が説教をするとき、自分たち娘や息子の話を引き合いに出されるのが嫌だったこと。「牧師の子」という周囲の目にプレッシャーを感じていたこと。一時期はキリスト教が嫌いだったこと、等々ほかにもたくさんあります。

もし子どもの頃に仲間と会えていたら、「こんなふうに感じるのは、私だけじゃないんだな」とわかって、気持ちが楽になっていたかもしれない、と感じるそう。

もうひとつは、「もっと周囲の理解があったらよかった」ということです。子どもの頃はずっと、自分の親が牧師であることを嫌だと感じていましたが、いま思うと別に、ひかりさんの家族や信仰が間違っていたわけではありませんでした。

「『いろんな子がいるよね』で済めば、よかったんです。なのに『あいつ、俺たちと違うよな』とか『あの子、私たちと違うよね』みたいなことが、たくさんあったから。そういうのが嫌だったんだなって、いまは思います」

取材をそろそろ終えようかという頃、ひかりさんはふと、こんな思い出話をしてくれました。

「あんなにキリスト教を嫌だと思っていたのに、人からバカにされるのもめっちゃ嫌だったんです。小4のとき男の子から『神様なんかホントはいねえんだぞ』っていわれてブチ切れて、大泣きしたことがあって。われながら不思議だったんですけれど、やっぱり自分や親が大事にしてきたものをバカにされるのは嫌だったんでしょうね。

それで私が言葉に詰まっていたら、近くにいた友達が代弁してくれて。『こいつのうち、キリスト教なんだから、そういうことというなよ』って。ありがたかったです」

その友達は、妹やお母さんが教会に一時期来ていたことがあったため、彼女の家のことをちょっと知っていました。別にキリスト教を信じていたわけでもなく、それがどんなものかも知らなかったかもしれません。それでも、友達が大事にしているものをバカにされて傷ついていることに、その子は気がついたのです。

もし周囲の子どもや大人が、みんなそんな感覚をもてていたら――。牧師の子だけでなく、あらゆる人が、いまよりもうちょっと生きやすくなる気がします。

Case 15
（番外編）
近所の男性に「家族になって」子どもたちが選んだ形

最後にひとつ〈番外編〉として紹介したいのが、子どもたちが「連れ親」で家族をつくった島田家の話です。連れ親とは何か？　字面の通り「連れ子」の逆バージョンです。一見、あり得ない話でしょう。

この世に生まれてくる人は、通常親を選べません。血縁でも非血縁でも、そこは共通です。里子や養子を迎える場合など、親のほうが子どもを選べることは多少あるかもしれませんが、子どもの側が親を選ぶことはまず不可能です。

しかしなんと、そうではないケースがあったのでした。子どもたちが近所のある男性に「家族になってほしい」と希望し、シングルマザーだった母親の同意を得て家族になった、というのです。なお、その男性と母親の間に、恋愛感情や性的な関係はありません。母親は性的マイノリティで、もともとの恋愛対象は女性であることを、子どもたちにも地元の人たちにも明かしています。

私がこの話を知ったのは、連れ親となった母親＝友人の島田彩さんからでした。ふだん私は、親経由でその子どもに取材を申し込むことはしません。親への本音を聞くことが難しくなるからです。ですが、今回はあまりにも稀有なケースなのでマイルールに反し、島田家の長男・永歌《とうた》くんに取材をお願いすることにしました。

＊即座に賛成した理由

永歌くんはいま、北海道にある全寮制の高校に通っています。東京の自宅には大型連休や夏・冬・春の長期休みのたび帰っており、私が話を聞かせてもらったのは、彼が高2の夏休みでした。「フライドポテトが食べられる店がよい」という母親からの事前情報をもとに、駅前のファストフード店で待ち合わせました。

島田家はずっと、母＋息子3人の4人暮らしでした。両親は彼が幼少の頃に離婚していますが、父親との交流は続いており、いまも必要があれば連絡を取り合う関係だそう。

幼稚園の頃は母親が仕事で多忙を極めていたため、ネグレクトの状態と誤解を受け、一時保護所に入ったこともあったといいます。すぐ帰れるはずが話がこじれ、3年も家に帰れなくなったのはつらい経験でしたが、それ以外は基本的に「楽しく暮らしてきた」とのこと。

永歌くんと弟たちが「たむちゃん」こと田村さんと初めて会ったのは、約1年半前でした。年が明けて早々、島田家の石油ファンヒーターが壊れ、母親が地域の餅つき大会の運営仲間だった近所の男性＝田村さんに修理をお願いし、彼が島田家にヒーターを取りに来てくれたのです。

以来、島田家の息子たち、とくに小2だった下の弟（三男）は、田村さんとたまに遊ぶようになります。田村さんはもともと、この辺の子どもたちの間では一目置かれる存在でした。地域活動に長くかかわっており、遊ぶことがずば抜けて上手かったからです。

春になると、永歌くんはひとり家を離れることになりました。中3のときはどうしても受験勉強に関心をもてず、行く高校が決まらなかったのですが、卒業式の直前に母親から「いまからでも入れる全寮制の高校が北海道にある」と聞き、そこへ行ってみることにしたのです。

驚きの知らせが届いたのは、それから間もなく、6月のことでした。なんと、小学3年生になった下の弟が、田村さんに「家族になって」といい出し、田村さんのほうもその申し出をとても喜んでいる、というのです。電話で伝えてきた母親は戸惑っているようでしたが、永歌くんはこの案を「最高だ」と思い、即座に賛成したといいます。

「それまではずっと『いまのままでいい』と思っていたんです。うちはお母ちゃんが十分稼いでお金はあるし、弟たちだってちっちゃいときから俺が面倒みてきたから。

でももしうちに誰かプラスするとしたら、それはまさに、たむちゃんだと思った。うちはアウトドア大好き人間ばかりで、たむちゃんは『自然遊び完璧!』みたいな人。たむちゃんなら、俺がずっとやってみたかった釣りも、きっといっしょにやってくれるんだろうなぁと思ったし……。だから『最強の島田家が、さらに最強になる。いますぐ決めて』っていいました」

大賛成した理由はほかにもありました。何しろ三男が喜ぶ。そう思ったからです。

「下の弟がたむちゃんとすっごいよく遊んでて、本当に楽しそうだったから。誰にでも懐く子じゃないから、『(たむちゃんを)ちゃんと選んだんだな』と思ったし。あの子がそこまでいうんだったら、というのが一番大きかったですね」

中学一年だった上の弟も、永歌くんと同様、この案に大乗り気でした。そのため初めはうろたえていた母親も徐々に考えを改め、田村さんと家族になる方向で検討を始めます。

母親はじつは相当悩んだようですが(彼女はふだん〝即断即決〟の人です)、最終的に田村さんと話し合い「家族になる」と決めたのは、6月の下旬頃だったということです。

*帰る家を選べる楽しさ

弟たちはその後、田村さんの家と島田家を頻繁に行き来するようになりました。夏休みの間はほぼ田村さんの家で生活し、学校が始まってからは、平日は島田家、週末は田村さんの家で過ごす、という具合です。

永歌くんも長期休みで寮から帰ってきたときは2つの家を行き来するそうで、「帰る家の選択肢があるのは楽しい」と話します。

「下の弟はいつもたむちゃんと遊んでいて、『ああ楽しそうだな、よかったな』って思う。たむちゃんも『遊んであげてる』んじゃなくて、自分もいっしょに遊んでる感覚だから、こっちも気を遣わなくていい。

たむちゃんは、下の弟がかわいすぎて、怒れないんですよ。弟のほうもそれをわかっているから、ふだん使わない言葉遣いをしたり、本気じゃないけど蹴ったりしてる。たむちゃんには、怒るべきところは怒ってほしい気もするけど、でも絶対に怒らない。もしかして、怒り方わかんないのかな……?(笑)」

別の機会に田村さんにも聞いてみたところ、「バシッといっても、威厳がないのであまりこたえない」と話していました。彼は穏やかで優しそうな人物です。

それにしても永歌くんからは、親や家族について「いい話」しか出てきません。やはり親経由で取材を申し込んだせいか？　それとも中学時代のバリバリの反抗期が終わった反動なのか？

「大人はこういうところをわかってねえなあ、とかイラっとすることはないの？」と尋ねてみましたが、「思い出せないなぁ、まだ高2なのに」ということでした。

渦中にあるときは言葉にできない思いもあるかもしれませんが、ひとまず彼はこの17歳の夏休みを、めいっぱい楽しんでいるようでした。

おわりに

書名の「定形外家族」という言葉は、もともとは私が「いろんな形の家族をなんでもありにしたい」と思って始めた活動名「定形外かぞく」に由来します（活動のほうは家族が平仮名です）。仲間のひとりが提案してくれた名前です。

「定形外かぞく」は、「お母さん、お父さん、血縁の子ども」という「ふつうの家族」じゃなくてもいいじゃない、という趣旨です。ひとり親でも再婚家庭でも、養子や里子を迎えた家庭でも、ＬＧＢＴの家族でも、なんでもいいじゃない、というもので、「家族」とついてはいますが、べつに家族を礼賛する意図はありません。

要は、いまこの社会では「ふつうの家族」ばかりが正しいものと思われていて、それ以外の人がみんなちょっと居心地悪く感じがちなので、それをなくしたいと思ったのです。ですから、定形外「家族」だけでなく、家族がいないおひとりさまや、児童養護施設で育つ人、子どもがいないふうふも、なんでもいいじゃない、ということです（だから本当は、「家族」をとって「定形外」だけでもいいくらいなのですが）。

だからといって「ふつうの家族」を否定するつもりも、まったくありません。人はよく、現状で劣勢にあるものを肯定しようとするときに、勢いあまってか、優勢のほうを殴りがちですが、不要なことです。殴られたほうは嫌な気分になり、他方を否定し返して大体泥沼の戦いになりますし、そもそも劣勢のものを肯定するのに、優勢のほうを否定するいわれはありません。

「定形外もいいし、定形（ふつうの家族）もいいよね」と、どっちも肯定すればいいだけでしょう。血縁じゃなくてもいいし、血縁でもいい。もっといえば、家族じゃなくてもいいし、家族でもいい。そう考えれば、みんながハッピーになれます。

ただしこのとき、唯一気を付けなければいけないのが、「そこにいる子どもがどう感じているか」だと思うのです。

子どもは自分の環境を選べないので、たまたま「親」となった人や、周囲の大人が決めるものに従うしかありません。ですから「どんな形でもいい」とはいっても、もし子どもがそこで嫌な思いをしているなら、「どんな形でもだめ」でしょう。

親、または周囲の大人と子どもの利害が対立していることは、意外とよくあります。大人が勝手に「いい」と思っていることが、子どもには逆の結果をもたらしていないか、よく気を付けなければなりません。

しかも子どもは大変よく、親の考え、特に「母親の考え」を内面化しています。本人は「自分の考えだ」と思って話していても、なぜそう思ったのか聞いてみると、じつはもとは母親の考えだった、ということがしばしばあるのを、取材をしていると感じます。

ある程度の年齢になれば、自分で「あれは親の考えだったな」と気付くこともありますが、子どものうちはなかなか気付きづらいものです。

ですから親は、「うちの子はこう考えている」と思っても、「もしかしたら子どもが、親である自分の考えをくみ取ってくれているだけではないか」という可能性を、もうちょっと意識したほうがいいんじゃないかな、ということもよく思います。

本書は東洋経済オンラインの連載「おとなたちには、わからない。」を元に、加筆修正を加えたものです（掲載原稿の約半分を収録、番外編は書きおろし）。書籍の制作にあたっては、取材から半年以上経つ人には全員またお会いして、いま思うことなどを聞かせてもらいました。ご協力いただいたみなさまに、心から感謝します。

なおこのとき、「Ｗｅｂ掲載時に一部の心ないコメントが目に入り、とても傷ついた」という人が複数見つかったのは、本当に申し訳ないことでした。今後の対策を考え中です。

今回本に掲載していない方々も含め、取材にご協力くださったみなさま、そして連載でお世話になった東洋経済オンライン副編集長の吉川明日香さん、書籍化を強力にバックアップしてくれたＳＢクリエイティブの豊田奈都子さん、そのほか、この本の完成に間接的にかかわってくれた大勢の皆様、大変ありがとうございました。

この本を読んでくれたみなさまにも、深く感謝申し上げます。

最後に、「定形外かぞく」の運営メンバーのひとりで、この原稿をまとめている間に交通事故で亡くなられてしまった宇廏谷《うまや》啓《ひかる》さん。いつも活動を応援してくれて、連載も読んでくれて、ありがとうございました。

「定形外かぞく」の運営や交流会に参加してくれるみなさん、これからもどうぞよろしくお願いします。

２０１９年12月　大塚玲子

著者略歴

大塚玲子（おおつか・れいこ）

「定形外かぞく（家族のダイバーシティ）」代表。出版社、編集プロダクションを経て、ノンフィクションライターとして活動中。PTAなどの保護者組織や、多様化する家族を取材・執筆。東洋経済オンラインにて「おとなたちには、わからない。」好評連載中。著書に『オトナ婚です、わたしたち』『PTAをけっこうラクにたのしくする本』『PTAがやっぱりコワい人のための本』（以上、太郎次郎社エディタス）、共著に『子どもの人権をまもるために』（晶文社）、『ブラック校則』（東洋館出版社）などがある。
HP：ohjimsho.com

SB新書　499

ルポ 定形外《ていけいがい》家族《かぞく》

わたしの家《うち》は「ふつう」じゃない

2020年1月15日　初版第1刷発行

著　　者　大塚《おおつか》玲子《れいこ》

発 行 者　小川 淳
発 行 所　SBクリエイティブ株式会社
〒106-0032　東京都港区六本木2-4-5
電話：03-5549-1201（営業部）
装　　幀　長坂勇司（nagasaka design）
D T P　ハッシィ
編集担当　豊田奈都子
校　　閲　株式会社 鴎来堂
印刷・製本　大日本印刷株式会社

本書をお読みになったご意見・ご感想を下記URL、
または左記QRコードよりお寄せください。
https://isbn2.sbcr.jp/04240/

落丁本、乱丁本は小社営業部にてお取り替えいたします。定価はカバーに記載されております。本書の内容に関するご質問等は、小社学芸書籍編集部まで必ず書面にてご連絡いただきますようお願いいたします。

ISBN 978-4-8156-0424-0

SB新書

- 裁判官失格　高橋隆一
- 「発達障害」だけで子どもを見ないで　その子の「不可解」を理解する　田中康雄
- 日本人の給料はなぜこんなに安いのか　坂口孝則
- 本能寺前夜　山名美和子
- 日本の貧困女子　中村淳彦
- 続　定年バカ　勢古浩爾
- 退職代行　小澤亜季子
- 難しいことはわかりませんが、統計学について教えてください！　小島寛之
- 医者の大罪　近藤　誠
- 2020年からの新しい学力　石川一郎

SB新書